JOGUE FORA 50 COISAS

JOGUE FORA 50 COISAS

GAIL BLANKE

Livre-se da bagunça, simplifique seu dia a dia e torne sua vida mais feliz

Tradução de
Ana Carolina Bento Ribeiro

Ediouro

Editor: Roberta Campassi

Capa: VBJ Design

Imagens de capa: | © Eric Hood / Istockphoto | © Chris Hepburn / Istockphoto | © Hedda Gjerpen | © 2007 Jelena Popiæ | © Mark Rose | © Marc Dietrich | © shutterstock

Preparação: Mariana Gouvea

Coordenação de produção: Daniele Cajueiro | Cristiane Marinho

Produção editorial: Rachel Rimas

Revisão: Joana Milli | Maria Clara Jerônimo | Maria Cristina Jerônimo | Priscila Gurgel

Diagramação: Trio Studio

CIP-BRASIL. CATALOGAÇÃO NA FONTE
SINDICATO NACIONAL DOS EDITORES DE LIVROS, RJ.

B576j

Blanke, Gail
Jogue fora 50 coisas : livre-se da bagunça, simplifique seu dia a dia e torne sua vida mais feliz / Gail Blanke ; tradução Ana Carolina Bento Ribeiro. - Rio de Janeiro : Ediouro, 2010.

Tradução: Throw out fifty things : clear the clutter, find your life
Inclui Apêndices

ISBN 978-85-0002661-4

1. Limpeza e arrumação doméstica. 2. Armazenamento em casa. I. Título.

10-0745. CDD: 648.5
CDU: 648.5

19.02.10 26.02.10 017695

Texto estabelecido segundo o Acordo Ortográfico da Língua Portuguesa de 1990, em vigor no Brasil desde 2009.

Ediouro Publicações Ltda.
R. Nova Jerusalém, 345 – Bonsucesso - Rio de Janeiro – RJ – CEP: 21042-235
Tel.: (21) 3882-8200 – Fax: (21) 3882-8212/8313
www.ediouro.com.br / editorialsp@ediouro.com.br

Para Jim

Sumário

Agradecimentos

Verdade seja dita: este livro não seria possível se minha mãe não tivesse ameaçado arrancar todas as gavetas da minha cômoda e dito o seguinte: "Ande logo e jogue fora todo esse lixo, agora!", naquele dia de verão, quando eu tinha 14 anos. E não seria possível se meu pai não tivesse me dito: "Querida, livre-se de tudo o que põe você para baixo. Viver em meio a um monte de entulho negativo é como andar num lamaçal. Fica difícil chegar aonde você quer." Com certeza, fui uma garota de sorte.

Olha, não incorporei isso de "jogar fora" naturalmente, apesar de minha tendência genética para isso. Tive que aprender a gostar de deixar as coisas para trás, jogar coisas fora e apagar outras durante vários anos. Se você está lendo este livro, provavelmente não é um ás da organização ou uma mestra em se livrar de cacarecos. Mas você tem um desejo — tudo bem, talvez ainda não tão forte — de começar a limpeza para poder seguir em frente com a próxima etapa da sua vida.

E todas as pessoas que você conhecerá nestas páginas têm esse mesmo desejo. E também possuem algo que você tem: coragem. É preciso coragem para deixar o passado para trás. É preciso coragem para decidir jogar alguma coisa — qualquer coisa — fora. Como você vai ver, para muitos dos homens e mulheres que foram generosos o suficiente para compartilhar suas histórias, jogar fora cinquenta coias nem sempre (frequentemente, mas não sempre) foi exatamente divertido. Mas encontraram coragem para fazer isso, de qualquer jeito. E em alguns casos, isso mudou suas vidas. E também mudará a sua.

Agradeço, em particular, a Laurel Bernstein, Jane Blecher, Dan Blodgett, Eddie Brill, Sally Carr, Beth Comstock, Lue Ann Eldar, David Evangelista, Martha Gilliland, David Hoffman, Phil Hough, Parvin Klein, Alan Matarasso, Marychris Melli, Patricia e Roger Miller, David Molko, Pat Perkins, Richard Pine, Scott Preis, Kathy Robb e Ray Sclafani.

Richard Pine, meu querido amigo e agente literário, manteve-me motivada durante todo o processo de construção deste livro. Seu lema diário era: "Apenas continue escrevendo, Gail." Funcionou. E Karen Murgolo é simplesmente a melhor e mais solícita editora do mundo. Na verdade, toda sua equipe é maravilhosa: Matthew Ballast e Erica Gelbard são relações-públicas incríveis e Tom Hardej tornou-se, entre outras coisas, minha "inspiração organizacional". Além disso, a meu ver, Laura Jorstad é a rainha da produção editorial. E qualquer um que já tenha ligado ou ido ao meu escritório conhece minha ex--assistente incomparável, Jane Blecher, comediante, especialista em medicamentos e amiga única. Mas acima de tudo, agradeço infinitamente a Jim, Kate e Abigail, a melhor família que uma garota já teve. No mundo.

Todos somos peregrinos entusiasmados trilhando o caminho para um futuro incerto, mas glorioso, deixando para trás tudo o que for um peso e o que nos faz parar, duvidar de nossas escolhas ou — Deus me livre — retroceder.

Estou muito feliz de ter você com a gente.

Introdução

Quando as pessoas me pedem para descrever minha "metodologia" de aconselhamento, digo que uso o método Michelangelo. Inevitavelmente, ainda mais se trabalharem com recursos humanos, elas me olham surpresas e perguntam: "O que é isso? Nunca ouvi falar." E sempre respondo: "A história é a seguinte: um benfeitor local perguntou a Michelangelo, assim que ele terminou de esculpir a estátua de Davi: 'Como você sabia a forma de esculpir Davi? Não consigo entender.' E Michelangelo, sendo um homem direto e sincero, prontamente respondeu: 'Ora, Davi sempre esteve ali no mármore. Simplesmente retirei tudo o que não era Davi.'"

Este é meu trabalho como sua conselheira: ajudar você a se livrar de todo o excesso de mármore; a esculpir seu caminho entre todos os entulhos, porcarias e lixo — físico e mental — que bloqueiam o caminho, impedindo que você passe, em sua melhor forma, para a próxima fase gloriosa da sua vida.

Nossas vidas estão tão entulhadas com os restos do passado — de tubos vazios de cola a velhos rancores — que é inacreditável que a gente consiga acordar, ir ao trabalho, cuidar dos nossos filhos e dos nossos pais e até mesmo caminhar. E viver na era da informação também não ajuda.

Somos constantemente bombardeados de todos os lados por lixo de uma outra forma: pelos noticiários, pela mídia. Pela televisão, pelo rádio, pelo celular, pela internet, pelo ar — somos absorvidos pelo que muitas vezes se revela o mármore de Michelangelo — ou melhor, lixo: tudo aquilo que deu errado no mundo, em nós, nas nossas vidas. Ou que poderia dar errado. Veja bem, não estou dizendo que não precisamos nos manter informados. Precisamos, sim. Somos cidadãos de um planeta em constante mudança e precisamos saber o que é preciso ser feito para mantê-lo girando. Mas não podemos dar passos à frente, não podemos nos mover de forma alguma, se estamos trancados em um bloco de mármore, que, em grande parte, nós mesmos construímos.

Então, o que podemos fazer? Está na hora de esculpirmos nossa saída, de rompermos com as coisas que amontoamos sobre nós mesmos e começarmos a limpeza. Está na hora. É agora. Não estou brincando. As artérias de nossas vidas estão entupidas, e esse entupimento ameaça nossa capacidade de sermos felizes, de fazer os outros felizes e de cumprir nosso papel no desenvolvimento da humanidade.

Olha, cheguei naturalmente ao forte desejo de deixar as coisas para trás e estimular os outros a fazerem o mesmo: minha mãe era do signo de Virgem. Você devia ver as gavetas dela. Quando ela me pedia para pegar alguma coisa, simplesmente dizia: "Está na minha escrivaninha, na terceira gaveta da esquerda, no lado direito, na parte de baixo da pilha, lá atrás."

E ela não errava. Sou de Aquário. Não estou dizendo que as pessoas do meu signo são os bagunceiros do zodíaco — afinal, eu guardo coisas nas minhas gavetas — mas nem sempre sei que coisas estão em quais gavetas. E por acaso seu signo determina se você terá ou não gavetas bagunçadas? Talvez. De qualquer forma, uma vez, quando eu tinha uns 14 anos, minha mãe ameaçou despejar todo o conteúdo das minhas gavetas no chão do meu quarto para me ensinar a organizá-las de uma vez por todas. Felizmente, ela não chegou às vias de fato (e infelizmente, minhas gavetas nunca chegarão aos pés das delas). Mas se houve algo que ela conseguiu me ensinar foi a jogar coisas fora.

"Se você não sabe o que fazer com aquele objeto, onde colocá-lo ou por que o comprou, ou se ao olhar para aquilo você fica deprimida, jogue fora!", diria ela. "Nunca guarde algo que faça você *parecer* ou se *sentir* pesada."

E ficou provado que minha mãe estava certa sobre várias coisas, e uma de suas melhores regras era esta sobre jogar coisas fora. Ah, e sempre que ela nos pedia para jogar coisas fora, ela queria que fizéssemos aquilo *naquele instante, e não depois*. Dizíamos que com ela era *agora ou nunca*.

Assim, não surpreende que, quando aconselho pessoas, sempre digo a elas para jogar coisas fora. E não apenas algumas coisinhas: no fim da segunda ou terceira sessão, peço a todos com quem trabalho para irem para casa e jogarem fora cinquenta coisas. "Aliás", sempre faço uma cara séria quando digo isso, "revistas e catálogos contam como um item só. Pode jogar fora centenas, mas só vão contar como um." As pessoas geralmente olham para mim irritadas e horrorizadas. (Mas vá em frente e jogue fora cinquenta coisas de qualquer jeito — você vai sentir como se tivesse ganhado na loteria). "Olha", dizem elas. "Acabei de dar uma olhada no armário e já joguei fora tudo o que podia. Esqueça."

Mas eu não esqueço. Assim como a minha mãe não esquecia. E não só peço a elas para jogar fora 50 coisas, como com ele, e, não oficialmente, determinar se Nash está apto a receber o prêmio. Ele pergunta a Nash:

— Então, você ainda, bem, sabe...

Nash completa a frase:

— Se eu os vejo? Sim, eles ainda estão lá. Mas escolhi não ligar para eles... É a mesma coisa com todos os nossos sonhos e pesadelos. Você tem que alimentá-los para mantê-los vivos.

Acho que, se num dia qualquer, John Nash vê e ouve aquelas pessoas atormentando-o e tentando tirar sua vida dos trilhos, mas escolhe não ligar para elas, nós também podemos fazer isso. Quando aquelas vozes negativas invadem nossas cabeças falando "vá devagar", "quem você pensa que é?", "não se empolgue tanto", podemos dizer a nós mesmos: "Hoje não. Não estou ouvindo hoje. Tenho meus desafios a superar. Hoje, não."

Aqui está uma boa história: não faz muito tempo, uma mulher veio ao meu escritório com o que ela supunha ser sua lista de coisas para jogar fora, mas não queria falar sobre isso. Ela havia tirado uma lição de John Nash e estava focada no que era importante para ela — e apenas no que era importante para ela. Algumas semanas antes, quando ela deixara meu escritório, estava resolvida a se livrar de qualquer coisa que estivesse deixando-a para baixo ou impedindo seu crescimento. Naquele momento, eu não sabia o quanto ela estava resolvida.

— Vamos lá — disse eu. — O que você vai jogar fora?

Finalmente ela disse:

— Tudo bem. Vou contar. Fui para casa depois da última sessão e joguei fora o homem com quem estava vivendo há onze anos! Finalmente percebi que era ele o peso na minha vida, quem me impedia de evoluir.

Ela continuou, parecendo preocupada:

— Mas Gail, eu ainda tenho que jogar fora mais 49 coisas?

— Já está bom por hoje — respondi. — Tire uma semana de folga. Depois você pode mandar ver nas outras 49 coisas!

E agora é a sua vez. Este é o começo da Grande Limpeza.

Alimentando o desejo de limpeza

Você já notou como se sente mais leve quando limpa seu armário uma vez por ano? E dependendo do quanto estava entulhado, bagunçado e entupido, pode ser que você se sinta realmente entusiasmado. Para não falar orgulhoso. "Ei, quer ver meu armário?" é a pergunta que fiz a vários parentes azarados que estavam perto demais quando o meu desejo de limpeza tomava conta de mim.

Pessoalmente, acho que não damos atenção suficiente ao sentimento de leveza e orgulho que o ato de jogar fora certas coisas proporciona. Reconhecemos a importância disso apenas momentaneamente, mas não celebramos nossa conquista ou a sensação de leveza que ela traz. E, infelizmente, não dirigimos a força desse espírito novo e mais leve para nos empurrar para frente. Mas poderíamos fazer isso. Poderíamos nos livrar dos obstáculos da vida regularmente e usar a tempestade que faz parte do processo para conseguir o que quiséssemos.

Então, mãos à obra. Vamos decidir começar agora um novo ritual mensal, semanal ou diário de jogar coisas fora e deixar coisas para trás — e convidaremos todos aqueles que amamos para nos acompanhar. Você consegue imaginar a energia coletiva que lançaremos, a tempestade positiva que vamos criar? Podemos mudar o mundo.

AS REGRAS DO DESAPEGO

Como saber o que jogar fora? Bem, felizmente, as regras do desapego são muito simples.

- Um: Se a coisa — o objeto, crença ou convicção, lembrança, trabalho ou até a pessoa — é um peso para você, o deixa imobilizado ou simplesmente faz com que você se sinta mal consigo mesmo, jogue-a fora, dê para alguém, venda, deixe para trás, siga em frente.
- Dois: Se isso (veja acima!) simplesmente fica ali, ocupando espaço e não acrescenta nada de positivo a sua vida, jogue fora, dê para alguém, venda, deixe para trás, siga em frente. Se você não está caminhando para frente, está andando para trás. Jogar fora o que é negativo ajuda a redescobrir o que é positivo.
- Três: Não torne difícil a decisão de se livrar ou não de alguma coisa. Se tiver que pesar os prós e os contras por muito tempo ou ficar angustiado pensando sobre o que é certo fazer, jogue fora.
- Quatro: Não tenha medo. Estamos falando sobre a sua vida. A única que você tem de verdade. Você não tem tempo, energia ou espaço para lixo material ou psicológico.

Chegando a 50

Você realmente vai se surpreender ao ver como é fácil jogar fora 50 coisas. E tenho que dizer aqui e agora que a razão para serem 50 coisas não é fruto do acaso. Uma vez que você chega a cinquenta, uma espécie de força maravilhosa se instala; antes que você se dê conta, jogar fora torna-se um hábito, uma tendência progressiva. E aí, algo muito, muito bom acontece: você assume o controle da sua vida. Você começa a vivê-la, e ela deixa de viver você. Há uma peça do famoso dramaturgo romeno do século XX Eugene Ionesco chamada *As cadeiras*, cuja última cena mostra um monte de cadeiras no palco. É só isso, apenas cadeiras. Nenhuma pessoa. A ideia que Ionesco quer passar no final é de que, se não prestarmos atenção, as coisas das nossas vidas acabam tomando conta de nós. Nós não somos seus donos. E as coisas resistem; nós não.

Mas não vamos deixar isso acontecer.

E para facilitar as coisas para você, este livro é dividido em quatro partes:

Na parte Um, "Livrando-se do lixo material", nós vamos traçar nosso caminho pelas principais áreas de nossas casas — desde a boa e velha gaveta da cozinha ao armário de remédios, até os cantos mais obscuros do sótão — e juntos vamos tomar coragem para nos livrar das coisas que obstruem as artérias da sua vida, deixam você para baixo ou simplesmente não servem para mais nada. E só para constar, seremos ecologicamente corretos neste esforço heroico — como você verá.

Na parte Dois, "Seu escritório — desfazendo a bagunça profissional", chegaremos ao seu escritório — seja ele num arranha-céu ou um cantinho do seu quarto — e jogaremos fora o lixo que lá está acumulado, que deve estar diminuindo sua capacidade de ganhar força em uma nova tarefa, uma nova empresa ou até mesmo uma carreira totalmente nova.

Na parte Três, "Atacando a bagunça mental", chegaremos à parte boa. Porque quando você já fez um aquecimento jogando fora todo o seu lixo material, pode passar o dia com as suas sobras mentais e emocionais. Você vai se surpreender com a quantidade de porcarias inúteis que deixou juntar na sua cabeça. E vai se surpreender ainda mais com o sentimento de leveza no coração e na mente quando jogar fora todas *essas* coisas. No final desta seção, acredite, você terá chegado aos 50 itens. Na verdade, acho que você terá passado bastante de 50 — e será hora de comemorar.

Então, na parte Quatro, "Entrando na limpeza", *vamos deixar claro o que é essencial para você*. É aí que você decide quem realmente é, qual é sua ideia do que é bom e como você quer viver a próxima grande etapa da sua vida. E é aqui que você encontra o que precisa para seguir em frente, com graça e confiança. É aqui que você aprende a ser nada menos do que inesquecível.

Então, peguem seus cadernos ou bloquinhos, estamos indo para o seu quarto... assim que reunirmos alguns itens que tornarão todo esse processo fácil, fácil.

Você deve estar perguntando: "Mas, Gail, quanto tempo eu tenho?"

Duas semanas. E é tempo mais do que suficiente. Não estou brincando.

Começando

Antes de entrar no seu quarto, pegue as seguintes coisas (provavelmente você tem tudo isso em casa).

- Sacos de lixo grandes (escolha aqueles pretos; assim, depois que tiver colocado seu lixo neles, não vai mais vê-lo). Caixas de papelão também servem, se você tiver algumas que sobraram de entregas ou mudanças recentes.
- Etiquetas médias, para classificar os sacos.
- Uma caneta para escrever nas etiquetas.
- Alguns saquinhos plásticos, para guardar itens individuais que quer dar e objetos pequenos como joias.
- Fita adesiva para lacrar as caixas ou sacos, emendar rasgos e colar papéis, se necessário.

Leve as coisas com você a cada cômodo em que for realizando o processo de limpeza.

Comece com três sacos grandes. Chame um de LIXO. Pegue a caneta, escreva LIXO em uma etiqueta e cole-a no saco. Então, foi tão difícil assim? Você já tem lixo a caminho! Coisas rasgadas, rachadas, manchadas ou realmente inutilizáveis por estarem quebradas ou com partes faltando vão para o saco do LIXO. Esta sacola definitivamente vai embora no caminhão de lixo.

O próximo saco será para DOAÇÕES. Escreva isso e cole na segunda sacola. Saiba que luvas e meias sem par podem ser doadas a abrigos para sem-teto, onde recebem um par e são distribuídas.

Escreva VENDER na etiqueta do terceiro saco. Aqui é onde você coloca tudo o que você gostaria de vender ou mandar para um brechó. Ah, e se estiver precisando de panos de chão, faça uma quarta sacola para todas as meias sem par, toalhas rasgadas e roupas de cama velhas. Na minha casa, usamos as toalhas rasgadas para secar nosso cachorro quando ele toma banho.

Agora você está pronto para entrar em ação.

Parte Um

Livrando-se do lixo material

Capítulo 1 SEU QUARTO

CERTO, VAMOS LEMBRAR AS REGRAS do desapego: se uma coisa — a peça de roupa, os sapatos, o abajur, qualquer coisa — é um peso para você ou faz com que se sinta mal consigo mesmo, ou se simplesmente fica ali ocupando espaço e não traz nada de positivo, ela vai embora. Se você achar que está gastando tempo demais tentando descobrir se guarda ou se abre mão de determinada coisa, ela deve ir embora. E finalmente, não tenha medo. Estamos falando da sua vida e vamos nos livrar de qualquer coisa que a esteja obstruindo. E vamos começar agora.

Tudo bem, sempre é melhor começar pelo mais fácil. Entre em seu quarto e olhe ao redor. O que você está vendo? Como você se sente? Você está feliz ali? Sente-se relaxado, sereno, com a cabeça tranquila? Eu não, pelo menos, não o quanto gostaria.

Vou dizer o que estou vendo: almofadas decorativas de cinco anos atrás que me deixam deprimida. Não sei explicar, mas elas são escuras e adornadas demais para um quarto que quero que seja leve e arejado. E duas delas estão levemente mordidas nas pontas graças a nossa cadela *golden retriever* de dez meses de idade, a Willa. (Se eu jogar fora tudo o que ela andou mastigando, consigo chegar facilmente a 50... mas aí talvez não sobre muita coisa na cama). De qualquer forma, as almofadas vão embora. (Lembre-se: geralmente, conjuntos de objetos contam como um item só, então, mesmo que eu jogue fora cinco almofadas deprimentes, só posso considerá-las como um item.) Elas vão para um dos enormes sacos pretos de DOAÇÕES e vão acabar na igreja ou em alguma instituição de caridade. Seria fácil colocá-las no sótão ou no fundo do armário do meu marido (acredite, ele nunca notaria), mas elas ainda estariam dentro da minha casa e isso não resolveria o problema. O negócio aqui é *jogar coisas fora*, não mudá-las de lugar.

Então, vamos abrir nossa primeira gaveta. Tudo certo nela? Tem meias sem par? Você vai usar duas meias de cores e modelos diferentes ou esperar mais alguns anos para seus pares aparecerem? E as blusas pequenas demais que sua cunhada insiste em lhe dar todos os natais? Ela não vai saber que você se livrou delas, e, na verdade, você vai dá-las a alguém. São blusas perfeitas, mas não para você. E aquela camiseta velha de uma comemoração da empresa para a qual você foi praticamente arrastado (você chamava aquilo de diversão forçada, lembra-se?), duas semanas antes de você e o departamento inteiro serem demitidos sem nenhuma cerimônia? Ela realmente tem que partir. Não faz mais o menor sentido você vesti-la — nem para caminhar —, é sério. Porque cada vez que você a vestir, sentirá que as demissões foram culpa sua, que deveria ter agido de outra forma, que talvez você não seja tão bom assim e de alguma forma mereceu ser cortado. Parece ridículo, eu sei, mas é o que geralmente fazemos: se algo sai errado, achamos que tudo é culpa nossa. Pena que não fazemos isso quando algo dá certo! Bom, você entendeu. A camiseta vai embora. E as ruminações sobre o passado vão junto. Jogue-os fora.

Enquanto estiver nas gavetas, vamos considerar as técnicas de jogar fora da minha amiga Barbara Brennan, que ela chama de "purificações periódicas". "Cresci cercada de pilhas de coisas", disse ela, "então me sentia estranhamente confortável com essas pilhas em volta. Claro, desde que eu saiba o que tem na pilha."

Eu gosto da ideia de se sentir "estranhamente confortável" com as pilhas. É bom saber o que não te incomoda e o que o deixa louco, e não adotar a ideia de uma outra pessoa sobre a importância da organização, não acha?

"Mas eu moro em um apartamento aconchegante em Nova York", continuou Barbara. "Aconchegante é a palavra bonitinha para 'espaço limitado', então não posso deixar as pilhas aumentarem muito." A forma que Barbara encontrou para não ser engolida por suas coisas, para não dizer suas pilhas de coisas, é arrumar uma gaveta ou prateleira por vez. "Mais ou menos a cada mês, limpo uma área da casa. Posso mexer numa gaveta de joias ou na prateleira do meu armário. Nada impressionante, nada que tome muito tempo. Mas sempre me sinto melhor, mais leve, mais focada, e, principalmente, muito feliz comigo mesma." Gosto da atitude dela: faça isso, mas não faça uma tempestade em copo d'água.

Falando na gaveta de joias, aposto que você tem uma onde guarda todas as suas bijuterias. Eu tenho e a minha é uma bagunça. Eu trabalhava na Avon, e a empresa mandava peças novas a cada duas semanas, quando saía o catálogo de produtos. Peraí, de onde surgiram todos esses brincos de metal gigantescos? Eu devia parecer uma aberração quando os usava. Mesmo assim, eles não eram tão baratos assim e são até charmosinhos. Hum, nem tanto. Eu não posso simplesmente jogá-los na lixeira. Eles fariam barulho quando caíssem lá dentro. Detesto isso. Mas estou cansada daquele visual antigo, então por que continuo apegada a essas coisas? Vou colocá-los (são cinco pares, mas contam como uma só "coisa") num saquinho plástico e juntá-los às doações para a caridade ou talvez dá-los a alguém que possa gostar deles. Na verdade, a filhinha de uma amiga minha poderia usá-los para brincar de se fantasiar. Você vai se livrar de todos aqueles penduricalhos que trouxe de viagem? Vá em frente, mas pelo menos dê a alguém. Você não os usa há mais de quatro anos e pode ser que tenha alguém que vá adorá-los. Quantas coisas temos até agora? Eu tenho três e você também. Não estamos indo mal.

Lembre-se: enquanto você estiver explorando suas coisas, preste atenção a objetos de que você pode estar farto, mas que podem agradar e muito outra pessoa.

Vou contar uma história incrível que ilustra minha sugestão: muitos anos atrás, quando estávamos dando uma palestra sobre estilos de vida para mulheres trabalhadoras, queríamos não somente ajudá-las a criar carreiras bem-sucedidas e enriquecedoras, mas também a serem felizes e realizadas na vida. No primeiro dia do seminário, estávamos discutindo as diversas situações nas nossas vidas que nos deixaram irritadas ou desapontadas: situações que gostaríamos de superar. Uma mulher, Carrie, contou como ficou desapontada no seu aniversário de dez anos, quando não ganhou o que mais queria: uma pulseira com coraçõezinhos que era moda entre as menininhas décadas atrás. O pior foi que sua prima, que morava com ela, comemorou o aniversário na semana seguinte e *ganhou* a pulseira. Carrie ficou ressentida, com ciúmes e raiva de sua prima. Na verdade, de certa maneira aquela pulseira a colocou contra sua prima durante décadas, e a fez culpá-la por ter ganhado o presente que tanto queria. "Sei que é engraçado, mas ainda não superei isso de verdade", diz Carrie, que hoje tem 47 anos.

Bom, naquela tarde, pedi às participantes, como sempre faço no fim do primeiro dia, para irem para casa e jogarem fora 50 coisas. E depois, devem se preparar para relatar o processo para as outras mulheres no dia seguinte. Outra participante, Mary Beth, apareceu cedo com um grande sorriso no rosto. "Adivinha o que encontrei", disse ela, radiante. "Uma pulseira de coraçõezinhos! Estava no fundo da minha gaveta de quinquilharias no quarto. Vamos dar para a Carrie!" Bom, não apenas demos a ela, como também embrulhamos com papel de presente, compramos um bolinho com dez velas e gritamos "Feliz aniversário de dez anos, Carrie!" o mais alto que conseguimos. Ela ficou surpresa, é claro, e muito emocionada. Todas nós ficamos. Então Carrie colocou a pulseira de coração, saiu da sala, ligou para a prima para dizer o quanto a amava.

Vamos entrar nos nossos armários. Não sei como isso aconteceu, mas o meu ficou consideravelmente mais bagunçado e abarrotado de um ano para cá. Queria jogar a culpa no fato de que eu estivera ocupada demais, ou talvez no fato de que as estações do ano não são bem-definidas em Nova York, onde vivo, e por isso usava roupas leves no inverno e pesadas no verão. Por isso ficava tudo uma zona. Ou poderia ser por causa das minhas filhas, Kate e Abigail. Usamos as mesmas roupas às vezes e misteriosamente todas elas acabam no meu armário. Nós três usamos sapatos do mesmo número (o que é bom) e somos loucas por eles (o que é ruim), então, o chão do armário serve de depósito para todos os sapatos em que elas não estão interessadas no momento —

mas que posso pegar emprestados. De qualquer forma, nenhuma destas desculpas é válida.

As verdadeiras razões para o meu armário ser uma bagunça são: (1) se eu não conseguirei deixá-lo tão organizado quanto o da minha mãe, por que tentar? E (2) pegar coisas e jogá-las fora envolve tomar decisões. E tomar decisões pode ser um processo desgastante.

Sabe, tenho que decidir o que é importante e o que não é; do que realmente preciso ou não; o que pode voltar à moda e o que não voltará jamais; o que realmente cai bem em mim, esteja ou não na moda; o que nunca vestiu bem; o que me traz um peso físico ou emocional; o que me faz sentir alegre e para cima; o que me representa e o que não. Poderia ficar exausta só de pensar nisso. E olha, é sempre mais fácil não decidir. Desse jeito, você deixa todas as suas opções em aberto. Decidir não decidir ou resolver decidir depois é conversa fiada. Não decidir é a causa primordial de todo o lixo — físico, emocional e espiritual — de nossas vidas. E se não conseguimos decidir de que roupas nos livrar, como vamos resolver o que jogar fora de nossos armários mentais — armários que estão transbordando com o lixo das indecisões? Esse pensamento por si só pode ser perturbador, não é? Mas não precisamos ser seduzidos pelo charme da indecisão — podemos mostrar os dentes e simplesmente fazer isso. Posso garantir que minha mãe não passava muito tempo pesando os prós e os contras do que guardar e o que jogar fora. Ela decidia e pronto. Pessoas inteligentes dificultam as coisas. Pessoas geniais facilitam. Minha mãe era genial. Tudo bem, nem meu armário, nem minhas gavetas jamais serão como os dela. Não faz mal. Aposto que de alguma forma isso não é problema para ela. Farei do meu jeito.

Então, mais uma vez, estamos aqui no meu armário. E não é por acaso que estamos aqui juntos unindo forças para realmente decidirmos quem somos ou quem poderíamos ser, baseados no que guardamos aqui. Pegue as caixas de papelão e os sacos pretos, os saquinhos plásticos e as etiquetas. Deixe-os abertos e à mão. Sorria enquanto os enche.

Estou totalmente decidida a jogar fora três terninhos que estão pendurados. Não os uso há uns sete anos. Ainda estão em bom estado, mas simplesmente não fazem mais o meu estilo. Tenho me vestido menos como executiva desde que abri meu próprio negócio, dez anos atrás: me divirto mais e sou muito mais criativa com minhas roupa atuais — e meus clientes parecem ficar bem empolgados com isso. Então esses ternos sérios vão embora.

TROQUE SUAS ROUPAS

Outra forma de se livrar de roupas que não combinam mais com você é promover um bazar de trocas. Convide suas amigas e peça para trazerem as roupas que também não querem mais. Sirva comidinhas e bebidas e faça uma verdadeira festa. Você pode até mesmo colocar espelhos pela casa ou montar uma pequena passarela para todas mostrarem os novos visuais. Se tudo correr de acordo com o planejado, todas as suas amigas sairão com uma nova peça de roupa que complementa seu estilo e faz com que se sintam bem... quem sabe até uma pulseira de coraçõezinhos.

- Uma mulher maravilhosa e muito divertida chamada Tara levou muito a sério a decisão sobre o armário. Na verdade, levou-a às últimas consequências. Ela jogou tudo fora. Tudo mesmo. Jogou fora cada peça de roupa que tinha: de vestidos de festa a shorts de ginástica, de sandálias de dedo a escarpins Prada, de terninhos de trabalho a maiôs. Jogou fora até mesmo toda a sua lingerie. Tudo. Bem, quase tudo. Ela guardou um belo terninho que sua mãe havia lhe dado anos antes para comemorar seu primeiro emprego "de verdade". Não servia mais e não estava na moda, mas representava um marco na sua vida — um marco que valia a pena ser celebrado de tempos em tempos. É interessante prestar atenção tanto no que guardamos como no que jogamos fora, não é? O importante é ter um motivo para as duas coisas — guardar e jogar fora. É quando o processo de decisão acontece.

Lembre-se: se algo faz você se sentir mal, não acrescenta nada a sua vida, ou se você fica tempo demais angustiado decidindo o que fazer com determinada coisa, livre-se dela. Por outro lado, se você fica feliz só de ter aquilo, se tem um apego emocional positivo a determinada peça, sem importar se vai "usá-la" novamente, guarde-a. **Nosso objetivo não é simplesmente criar uma vida limpinha e bem-organizada. Nosso objetivo é esclarecer quem somos agora, decidir o que é importante para nós agora e responder à pergunta: que diabos estou fazendo aqui?**

No caso de Tara, ela jogou fora todas as suas roupas (com exceção do "terninho especial") porque queria reinventar-se totalmente e decidiu, com razão, que se mudasse seu visual, a forma como enfeitava seu corpo, pensaria sobre si mesma de forma diferente. "Terminei com a velha Tara", disse ela. "Sinto como se estivesse saindo de um casulo." É verdade, a nova Tara estava pronta para emergir. Nem todos nós temos uma situação financeira ou emocional que permita ir tão longe quanto Tara foi. Mas você tem que admitir que este exemplo é tocante e inspirador para a maioria das pessoas. No fim das contas ela mudou até a cor e o corte do cabelo, malhou, emagreceu e desenvolveu uma personalidade muito mais forte.

Quantas coisas jogamos fora até agora? Pelas minhas contas, cerca de três, já que todas as almofadas contam como um item, assim como os terninhos e as bijuterias. Mas você pode ter jogado mais, dependendo do que fez com suas meias, luvas e bijuterias. Viu? Não foi tão difícil. Bom, tudo bem, algumas partes são difíceis. Mas na maioria das vezes é maravilhoso.

Um conhecido meu que se comprometera a se livrar de 50 coisas estava vasculhando seu armário em busca de coisas para jogar fora, quando se deparou com um envelope surrado que havia sido exilado dentro de uma velha caixa de sapatos. Seu nome, Michael, estava escrito à mão, na frente. Não havia endereço, então provavelmente fora entregue em mãos. Ele esquecera totalmente o envelope, e na verdade, jamais o abrira. Não lembrava sequer quem lhe entregara e em que situação. Ele estava prestes a jogá-lo no lixo quando, sem saber bem por que, decidiu abri-lo. Dentro dele havia uma folha de papel amarelo pautada, escrita dos dois lados. Ele olhou a assinatura: "Justine." *Justine?*, pensou ele. *Mas quem é... perai, não era aquela menina inteligente da faculdade? Sim! Era aquela que me ajudava na aula de estatística. Se não fosse por ela, eu nunca teria...* Ele começou a ler a carta e imediatamente se crucificou por tê-la deixado de lado, sem ler, quinze anos atrás.

"Querido Michael," escrevera Justine, "agora que estamos nos formando e provavelmente nunca mais vamos nos ver, finalmente tenho coragem de dizer o que quis dizer a você milhões de vezes, quando estávamos estudando juntos. Estou apaixonada por você..." Michael ficou chocado. Ele pensava em Justine como tutora e amiga. Nunca como uma namorada em potencial. (Michael só namorara uma garota durante toda a faculdade e a pós-graduação e, no fim das contas, casou-se com ela — mas, infelizmente, divorciou-se.) Justine continuou explicando que sabia que ele estava comprometido com outra pessoa e que não havia a menor possibilidade de eles ficarem juntos, mas, mesmo assim, queria que ele soubesse o que ela sentia, que, para ela, ele era a pessoa mais maravilhosa e talentosa que já conhecera e que ela fora muito feliz no tempo em que estudaram juntos. Ela desejava tudo de bom para ele. E nunca o esqueceria.

Bom, você sabe o que aconteceu depois. Graças às maravilhas da internet, Michael conseguiu localizar Justine. Ela estava trabalhando em um banco de investimentos em Nova York (Michael morava em Los Angeles), e de acordo com as informações encontradas na internet, ela provavelmente não estava casada — pelo menos não no momento. Ele ligou para ela e contou para ela a história da carta, pedindo desculpas por só tê-la aberto quinze anos depois.

Eles decidiram se encontrar para jantar em Nova York (como em *Tarde demais para esquecer*, com Cary Grant e Deborah Kerr, não é?) e, sim, foi coisa do destino. Eles estão superfelizes agora, namorando há quase um ano. Quem sabe onde isso vai parar? Aposto que em algum lugar muito bom.

> QUANDO VOCÊ NÃO CONSEGUE AGIR SOZINHO
>
> Se você for mais parecido comigo (e menos com a minha mãe) e acha que não vai conseguir organizar seu armário, sabia que pode contratar alguém para ajudar? Se puder pagar, há várias pessoas que oferecem o serviço de ajudá-lo a organizar suas coisas de forma inteligente.

Então cave bem fundo seu armário, combinado? Do lixo e do caos pode surgir, bem, algo ou alguém que você está procurando há tempos.

Passos para organizar a bagunça do seu quarto:

1. Entre no seu quarto como se fosse a primeira vez. Como você se sente? É o tipo de quarto que te ajudaria a relaxar no fim de um dia frenético? Que móveis, objetos de decoração, bibelôs ou entulhos acha que atrapalham a sensação de calma? Junte tudo isso e livre-se dessas coisas.
2. Abra seu armário e puxe todas as gavetas. Examine as roupas, sapatos e acessórios que encontrar. Você vai se sentir bem quando pensar em usá-los, ou alguns destes itens geram um sentimento pesado, levemente depressivo, que te levam de volta ao passado? As coisas que são um peso para você — fisicamente ou emocionalmente — têm que ir embora. Olha, nem todo mundo pode comprar um guarda-roupa totalmente novo de uma vez só, mas podemos nos livrar aos poucos das coisas que nos põem para baixo.

3. Faça as seguintes perguntas a si mesmo: quem sou eu agora e o que estou me tornando? Minhas roupas, este quarto representam a forma como eu gostaria de me ver? O que tem que mudar para que isso aconteça? Você não precisa mudar tudo de uma vez, mas realmente tem que começar agora.
4. Forme uma pilha de roupas organizada: coloque as bijuterias e acessórios velhos em caixas, junte os objetos de decoração que não têm mais nada a ver e coloque etiquetas identificando cada caixa ou saco. Coloque os sapatos em um saco e classifique-os de acordo com o fim que vai dar a eles — para o lixo, uma instituição de caridade ou reciclagem.

Pontuação de coisas jogadas fora pela Gail:

5 almofadas decorativas
3 terninhos caretas
6 pares de sapatos

Total: 3 coisas

Sua pontuação de coisas jogadas fora:
Seu total:

Capítulo 2 | SEU BANHEIRO

Vamos agora para seu banheiro. Há vários candidatos a serem jogados fora aqui. Dê uma olhada na sua gaveta de remédios. Estou olhando para a minha e sinto vergonha de dizer que há vidros e caixas *muito* velhos de remédios que não precisam de receita — alguns deles estão, de fato, vazios ou fora da validade há muito tempo. E há remédios receitados há mais de cinco anos. Li que eles perdem o efeito depois de um certo tempo. Se isso é verdade ou não, não parece saudável — física ou mentalmente — guardar remédios velhos para velhas doenças ou mesmo doenças potenciais. Sou uma grande defensora da filosofia do poder da mente. Acredito firmemente que *somos o que pensamos* e falarei mais sobre isso depois. Basta dizer que nos cercarmos de um monte de remédios velhos é negativo, rouba energia e pode até ajudar aquelas velhas doenças a voltarem a nossos corpos.

E o que estamos decidindo aqui? Que podemos ficar doentes e precisar desses remédios velhos e vencidos ou que *pretendemos ficar bem* e não precisar mais deles? Certa vez, o campeão de golfe Tiger Woods foi entrevistado pouco antes de uma competição importante. O repórter perguntou por que ele não treinava a saída de partes do campo que costumavam atrapalhar muito os grandes jogadores.

Tiger simplesmente respondeu: "Por que não pretendo cair nessas áreas."

NÃO DEIXE SEUS REMÉDIOS VENCIDOS CONTAMINAREM SUA COMIDA

As pessoas costumavam livrar-se de remédios vencidos jogando-os no vaso sanitário e dando a descarga, mas foi comprovado que componentes desses remédios podem contaminar a água que utilizamos. E se você simplesmente jogá-los no lixo, eles poderiam contaminar o solo. Então, como se livrar deles? Vá até a farmácia mais próxima — talvez eles façam a coleta de remédios vencidos. Você pode deixar quem realmente entende disso jogá-los fora da forma correta.

Não subestime o poder de nossas vontades. Se realmente quisermos ficar bem, então temos que decidir imediatamente o que vamos fazer para tornar isso real. Por exemplo, isso significa que realmente vamos fazer mais exercícios e comer menos? (Você pode encrencar com a dieta e exercícios se quiser. Há milhões de livros por aí sobre o assunto, e dado o sucesso que fazem, é provável que você já tenha lido, ou pelo menos comprado, alguns deles. Mas, basicamente, tudo se resume à relação entre o quanto você se exercita e o quanto come, e nós dois sabemos disso.) Isso significa também que vamos comer menos carboidratos, gordura trans e carne vermelha, e mais frutas e legumes? Significa que você quer — e vai fazer o que for preciso — parar de fumar em vez de apenas "tentar"? Estou me empolgando demais? (Minha mãe sempre me disse que eu não devia me empolgar demais, mas não ligo. E às vezes, se empolgar é bom. Como agora.) Olha, no fim das contas, trata-se do que você vai jogar fora, não é?

Essas são grandes questões para analisar enquanto estamos aqui no banheiro. (E você achava que simplesmente ia jogar fora um monte de coisas...). Então, o que vai ser? Esses remédios velhos vão embora ou ficam? A boa notícia é: *você* decide. Eu decidi jogar essas porcarias fora.

Eu tinha enxaquecas extremamente fortes. Já fui parar em mais prontos-socorros pelo país do que consigo lembrar. Mas não tenho uma enxaqueca realmente horrível há cerca de dez anos. Ainda assim, há, na minha caixinha de medicamentos, uma caixa do remédio forte que eu tomava para dormir e fazer sabe-se lá mais o quê, até que um ou dois dias depois a dor de cabeça fosse embora. Vou jogá-la fora. Não serei refém do medo de uma velha dor que não pretendo sentir de novo. Já me sinto melhor. Mas tem outra coisa importante: ao lado da sua coluna de COISAS JOGADAS FORA DO BANHEIRO, faça uma coluna chamada COISAS MENTAIS JOGADAS FORA DO BANHEIRO, certo? Escreva qualquer hipótese negativa que formulou sobre sua saúde e bem-estar da qual queira se livrar. Substitua sua intenção de ficar doente pela intenção de ser saudável.

Aqui está a melhor história para mim: há cerca de dois anos, tive de fazer duas pontes de safena de "surpresa". Foi inesperado porque sempre tive uma saúde perfeita, nunca fumei, seguia uma dieta saudável, fazia exercícios diariamente, meus eletrocardiogramas eram perfeitos, assim como raios X do peito e minha pressão era baixa. Para ser bem sincera, se não tivesse seguido os meus instintos — que diziam que alguma coisa estava errada, apesar de vários médicos insistirem que eu era uma das pessoas mais saudáveis que já haviam conhecido — talvez não estivesse aqui hoje. Mas encarei a cirurgia de forma otimista. Como acontece com todos os pacientes cardíacos, me deram um pequeno respirador de plástico que eu deveria usar de hora em hora para ajudar a limpar meus pulmões. Eu o utilizava corretamente e, no final, meus pulmões estavam tinindo. O tal respirador está bem aqui no armário do meu banheiro. Vou jogá-lo fora pelo seguinte: não pretendo colocar outra ponte de safena, então, não precisarei mais dele. É um grande passo para mim. Na verdade, deve ser uma das coisas mais importantes que acabarei jogando fora. Vamos ver.

E como você está indo? Em que ponto estamos? Já devem ser pelo menos cinco ou seis coisas, sem contar os conjuntos de coisas. Escreva-os, adicione-os à lista. E agora, vamos pegar mais leve. Enquanto ainda estamos no banheiro, vamos dar uma olhada na sua maquiagem. Agora vai ficar divertido.

Quando eu trabalhava na Avon, conheci uma cliente maravilhosa e dedicada que ficara enfurecida porque sua sombra preferida havia saído de linha.

— Era um tom meio verde-água fluorescente — disse ela. — Eu a estava usando trinta anos atrás, quando conheci meu marido, e, desde então, nunca deixei de usá-la. Nem sei se ele vai gostar tanto de mim sem ela. (É impressionante que tenhamos essas ideias, não é? Mas já ouvi incontáveis comentários desse tipo quando o assunto é mudança da cor da maquiagem.)

Bom, passei um bom tempo tentando convencê-la a experimentar algo diferente.

Você pode tirar se não gostar — disse eu. — É só maquiagem.

Ela resistiu, mas finalmente cedeu a um belo verde pálido que, sinceramente, fazia-a parecer pelo menos dez anos mais nova. Mantive contato com ela. Uma semana depois, a cliente me disse que seu marido havia adorado o novo visual. Na verdade, ela ficou tão empolgada com a reação dele que também mudou as cores do batom e do blush. A última vez em que nos falamos, ela me contou que ia experimentar uma cor de tinta de cabelo totalmente diferente.

E você? Está vendo alguma maquiagem na bancada que não tem mais nada a ver com você? Eu vejo. Sempre tive um problema com lápis de boca. Provavelmente, é porque muito tempo atrás, um maquiador me deu uma bronca por não delinear cuidadosamente meus lábios antes de passar o batom. Como já é de praxe para mim, levei este conselho a sério demais e comprei um monte de lápis de boca de toda uma gama de cores, de rosa choque a vermelho-sangue — a maioria dos quais ficava realmente horrível em mim. (Para dizer a verdade, Abigail, minha filha mais nova, me falou que um deles me deixava com uma aparência "assustadora". Provavelmente, o vermelho-sangue.) De qualquer forma, ainda tenho todos eles, acho que só para o caso de, de repente, eles ficarem bonitos em mim. Eles vão embora. Sabe aquele monte de amostras grátis de cosméticos que você ganha quando compra um produto? Você já os usou alguma vez na vida? Se não usou até agora, não vai mais. Jogue-os fora.

Antes de terminarmos com as suas prateleiras e gavetas de maquiagem, quero lhe fazer uma pergunta: que aparência você *quer* ter? Agora é hora de você se reinventar, de deixar para trás algumas ideias sobre o seu visual. É engraçado, mas desde a época da faculdade, sempre me vi como alguém morena. Meu cabelo natural era castanho--escuro com alguns fios avermelhados, mas, no primeiro ano da faculdade, quando uma menina sentou-se na minha frente na aula de biologia, com um lindo cabelo negro como a asa da graúna, resolvi imitá-la. Na verdade, ela usava uma tinta castanho-escuro, muito escuro (escuríssimo). Eu usei a mesma, ou alguma parecida, durante anos. Vinte e cinco anos, para ser exata. Então, alguns anos atrás, um cabeleireiro de Nova York chamado David Evangelista me perguntou porque eu insistia em manter meu cabelo tão escuro. "Você está tentando ficar igual à Mortícia?", perguntou ele. David não tem papas na língua. O que ele estava tentando mostrar era que eu havia criado um visual que não correspondia exatamente a quem *eu* era. "Vamos fazer umas luzes", disse ele. "Vamos arriscar. Ouse mais, Gail. Você está com medo de quê? Se não der certo, dá sempre para voltar à cor original sem problemas."

Bem, comecei com alguns reflexos feitos por um colorista maravilhoso de Nova York, virei loura, depois pintei de castanho com reflexos avermelhados... bem, você consegue imaginar. Enquanto escrevo isso, me pergunto que ideia eu e meu colorista teremos daqui a duas semanas, quando marquei de pintar o cabelo. Quem sabe? Talvez eu volte às asas da graúna. Muitas coisas boas aconteceram na minha vida quando meu cabelo estava daquela cor. Por outro lado, minha mãe era loura platinada, o que sempre admirei — talvez seja hora de eu tomar esse rumo. David está empolgadíssimo com meu espírito aventureiro. "É tudo uma questão de mudança", diz ele. Eu realmente insisto na ideia de que mudanças são boas e necessárias para ajudar alguém a se desenvolver e finalmente se tornar a pessoa que está destinada a ser nesta vida. Faço isso com todas as minhas clientes. Então, olhe-se no espelho e veja a pessoa refletida, porque a mudança que você quer fazer está olhando diretamente para você.

Aliás, odeio lembrar você disso, mas todos aqueles batons que estão na lixeira contam como um só.

A questão é a seguinte: livre-se de qualquer ideia ultrapassada de quem é você ou como é seu visual. Enquanto joga fora a maquiagem velha e as caixas de tinta para cabelo, jogue fora sua velha ideia de si mesma. Escreva esta ideia na coluna MAQUIAGEM MENTAL JOGADA FORA. Você sempre pode voltar a alguns aspectos do velho visual se tiver vontade. Mas agora, estamos seguindo em frente. Que visual você quer ter exatamente? Quem você quer ser exatamente? Você decide.

LAVAR, ENSABOAR, JOGAR FORA

Nós nem falamos sobre o que fica dentro do seu box! Aposto que você tem pelo menos cinco xampus e condicionadores diferentes, mas também aposto que você só usa um ou dois quando lava o cabelo. Livre-se daqueles que não usa, mesmo se estiverem pela metade. Você não precisa deles, e para se livrar da bagunça, porque não investir num suporte bonitinho para seu box, com compartimentos para tudo aquilo de que precisa e ganchos para toalhinhas e esponjas?

É divertido se reinventar. A primeira vez em que fiz isso, tinha dez anos e fora acampar no estado de Vermont. Falar que eu era de Ohio, outro estado americano, não soaria muito interessante, já que eu sabia que no acampamento haveria garotas de lugares que eu achava exóticos, como São Paulo, Paris, Sydney e até Hong Kong. Então decidi inventar um novo sotaque — algo parecido com russo, mas com um toque de francês para dar uma suavizada. É claro que eu não falava nenhuma dessas línguas — nem tinha ideia de como elas soavam — mas não importava. Cheguei ao acampamento com meu novo "sotaque" na ponta da língua e consegui deixar algumas meninas com a pulga atrás da orelha, que perguntaram de onde eu vinha (eu respondia que era segredo de Estado), até que eu esqueci a história e pedi para repetir a sobremesa falando com a minha voz normal. O interessante é que, mesmo que soe bobo, aprendi uma lição valiosa. **Você pode se inventar a qualquer momento. E se você fizer isso com convicção e vontade suficientes, o mundo vai acreditar. Pelo menos enquanto você acreditar. Tudo está ao alcance se você se esforçar.**

Passos para organizar a bagunça do seu banheiro:

1. Primeiro veja as coisas velhas e com prazo de validade vencido — remédios velhos, latas quase vazias de spray para cabelo, pasta de dente, batons quase no fim, amostras grátis de cosméticos que você nunca vai usar — e jogue tudo no lixo. Lembre-se de colocar latas e afins nas lixeiras adequadas. E não jogue remédios controlados no vaso sanitário. Estudos recentes revelam que certas substâncias podem acabar na água que você bebe, representando um perigo para a saúde. Veja na farmácia mais próxima como descartá-los.
2. Agora, analise com mais cuidado o que sobrou. Esses remédios são necessários e adequados a como você se sente ou quer se sentir agora? Os cosméticos e produtos de higiene representam como você quer seu visual agora? Se a resposta for não, você sabe o que fazer.
3. Lembre-se de que você está tomando algumas decisões fundamentais sobre si mesmo no banheiro. Está decidindo como vai se cuidar, como vai preservar seu bem-estar e evoluir. Guarde o que serve a este objetivo, deixe o resto para trás.
4. Há várias coisas repetidas no seu banheiro — uma dúzia de vidros de esmalte só conta como um item — então duvido que você vá acrescentar muito ao seu total. Mesmo assim, livrar-se dessas coisas vai fazer você se sentir muito bem.

Pontuação de coisas jogadas fora da Gail:

31 caixas de remédios para "velhas enxaquecas" e outros remédios vencidos
8 lápis de boca e feios e 9 batons velhos e feios da minha maquiagem antiga e amostras grátis de cosméticos
1 respirador usado para limpar meus pulmões depois da cirurgia de ponte de safena

Total: 4 coisas
Total geral: 7 coisas

Sua pontuação de coisas jogadas fora:
Seu total:
Seu total geral:

Capítulo 3

SUA COZINHA

BOM, AGORA ESTOU NA COZINHA. Parece tudo bem, olhando em volta; só me pergunto se preciso guardar todos esses exemplares velhos de revistas de culinária. Alguns têm mais de cinco anos. Eles ocupam espaço demais no armário. Acho que eu ficava preocupada em não achar as receitas que eu queria se não tivesse as revistas por perto. Todos na minha família cozinham, e sempre estamos buscando ideias novas e fantásticas. Mas agora, pensando bem, posso encontrar todas as receitas de que preciso na internet. Bem, aqui está o que decidi: só vou guardar as edições dos últimos três meses. O resto pode ir embora. Nossa, isso vai dar pelo menos sessenta ou setenta revistas. Pena que só contam como uma.

UMA RECEITA PARA SE LIVRAR DA BAGUNÇA

Revistas de receitas são ótimas, mas tendem a se acumular rapidamente. Felizmente, a maioria das receitas pode ser encontrada em sites na internet. Se você tem algumas preferidas, por que não imprimi-las e arquivá-las numa pasta — que ocupa muito menos espaço que setenta revistas ve-

lhas. Aqui estão algumas sugestões de sites de culinária:
www.tudogostoso.uol.com.br
www.livrodereceitas.com
www.receitassimples.com.br
www.boareceita.com.br

O armário não parece tão ruim — a não ser por aqueles potes vazios de maionese, azeitonas, entre outras conservas que meu marido Jim guarda. Há pelo menos uma dúzia deles. Ele acha que vai precisar deles para armazenar suas próprias misturas de condimentos. Obviamente ele ainda não conheceu os potes de plástico empilháveis ou saquinhos vedáveis. Por outro lado, aprendi uma coisa por experiência própria: *não jogue fora as coisas dos outros*. Isso pode irritá-los profundamente. Nunca esquecerei quando minha mãe, com a melhor das intenções, abriu nossa geladeira e jogou fora todos os potes "velhos" de condimentos do Jim. Quando ele descobriu sua nova geladeira, limpíssima e organizada, explodiu de raiva. Levou vários meses até que minha mãe ousasse simplesmente abrir a geladeira sem antes olhar em volta. E certa vez, joguei fora todos os CDs de Abigail achando que fosse um saco de lixo. Foi uma tragédia total. Então, tome cuidado. Jogar fora ou guardar as coisas *dos outros* é problema *deles*.

E a despensa? Temos um armário na cozinha onde guardamos enlatados, ervas e temperos, sacos de farinha, garrafas de vinagre e óleos de vários tipos e outras garrafas e latas de diversos tipos de azeite. Também guardamos macarrão e outras massas, amendoim, biscoitos e outros alimentos que não precisam ficar na geladeira. Olhando agora, consigo ver pelo menos cinco potinhos diferentes do mesmo tipo de pimenta espalhados no lugar dos temperos. "Por quê?", você deve estar se perguntando. É porque o Jim esquece que já tem aquilo em casa e compra mais só para prevenir. Bom, não vou jogá-los fora, mas vou, pelo menos, juntar todas as pimentas no mesmo saquinho. Também vou dar uma verificada nos temperos que parecem velhos. "Seco" é uma coisa; sem gosto, é outra. Cozinhar (e comer) é um prazer importante demais para estragarmos com ingredientes sem cor e sem gosto. Na verdade, acho que vou tirar tudo do armário, examinar cada caixa, garrafa ou lata, tirar seu conteúdo e colocá-lo em potes e cestinhas bonitinhos e guardá-los num armário recém-pintado e recém-organizado. Sinto-me bem só de pensar nisso.

DICA ECOLÓGICA: O QUE HÁ EMBAIXO DA PIA?

Aposto que sei o que há embaixo da sua pia — produtos de limpeza, talvez uma lixeira e provavelmente montes de sacolas de supermercado. Todos guardamos estas sacolas, pois achamos que iremos reutilizá-las algum dia; mas falando sério, você nunca vai usar todas e acabará guardando mais e mais. Digo para jogá-las fora e comprar algumas sacolas de tecido legais — as chamadas *ecobags* — para carregar as compras. É melhor para o meio ambiente!

- Mas e a fatídica gaveta? Sabe, aquela gaveta — cheia de tudo o que não cabe em nenhum outro lugar. Abra-a. Se conseguir. A minha está tão cheia de coisas que não abre direito. Mas depois de forçar a abertura, eis o que vejo:

- Tubos velhos e vazios de cola instantânea
- Dezenas de recibos de supermercado
- Um monte de moedinhas, a maioria de um centavo
- Um monte de clipes, elásticos e outras miudezas
- Folhetos velhos de pizzarias e restaurantes
- Raquetes de ping-pong que já viram dias melhores
- Um monte de pilhas, a maioria já gasta
- Uma coleira velha de quando nossa cadela Willa era filhote (hoje ela pesa uns trinta quilos)
- Três bolinhas de ping-pong mastigadas, adivinha por quem?
- Um monte de chaves que não abrem nada há provavelmente uns dez anos. Na verdade, não faço ideia de para que elas servem.

Tudo isso vai para a sacola de LIXO, a não ser a coleira de Willa, que vai ficar pendurada em volta de um retrato dela quando filhote. Ela parecia uma bolinha de pelo amarela. Como ela cresceu tanto e tão rápido? Abigail disse que deveríamos arranjar outro filhote para termos de novo uma bolinha de pelo gordinha andando por aqui.

DÊ O DESTINO CORRETO A PILHAS E BATERIAS

- Quando você se aventurou "naquela gaveta", encontrou um monte de pilhas e baterias velhas, certo? Você pode jogá-las fora, só precisa tomar cuidado. Coloque as pilhas num saco plástico antes de jogar fora. Você pode jogar fora as baterias recarregáveis (inclusive de celular e notebook) em lixeiras especiais de cor verde, encontradas nas ruas e em outros locais que realizam a coleta seletiva. Faça isso também com as pilhas normais. Elas serão descartadas corretamente ou recicladas.

Na verdade, não conheço ninguém que não tivesse "aquela gaveta" na cozinha. As pessoas sempre me escrevem contando sobre as coisas loucas e interessantes que encontram lá. Um rapaz encontrou um velho guardanapo onde, muitos anos antes, escrevera uma ideia de roteiro para um filme. Ele agora gosta da ideia, está desenvolvendo-a melhor e pretende transformá-la num filme de verdade. Viu, nunca se sabe.

Uma mulher chamada Liz me escreveu contando que encontrou uma velha receita de bolo de chocolate de sua mãe — escrita num cartãozinho décadas atrás — quando arrumava a despensa. Ela havia esquecido completamente daquilo. Ela se sentou no chão da cozinha, lembrando de todos os bolos que sua mãe já havia feito e de todas as ocasiões comemoradas com eles. Sua mãe já era falecids e Liz desejava loucamente ter dito a ela como seus bolos eram maravilhosos. Sugeri que ela fizesse o bolo de chocolate de sua mãe para sua família e o decorasse com as palavras OBRIGADA, MAMÃE. E assim fez ela, e brindou aos bolos da mãe com o marido e os filhos no jantar daquela noite. Legal, não é?

Então, o que você tem em sua gaveta? Algo que valha a pena guardar? A maioria vai embora, certo? Você vai se sentir incrivelmente bem ao abrir a gaveta a partir de agora, não vai? É como um cantinho vazio da sua mente que você passa a preencher com bons pensamentos. Selecione com cuidado o que vai colocar ali. Aquela gaveta passou de uma vergonha a um exemplo. Não bagunce tudo de novo.

Aliás, até alguns meses atrás, nunca pensei que "jogar fora 50 coisas" pudesse render tantos momentos engraçados. Foi quando conheci Marychris Melli. Ela trouxe sua lista de coisas jogadas fora e apresentou cada item junto com a história por trás dele. No fim das contas, tive que pedir-lhe para parar porque minha barriga estava doendo de tanto rir. Sua gaveta da cozinha tinha coisas ótimas para jogar fora — especialmente as do seu cachorro, Quixote. Ela jogou fora os antidepressivos do cão. "Convenhamos, ele é maluco", disse ela. Jogou fora o pente do cachorro e disse: "Como se um pente fosse resolver o problema. Tenho que aceitar que adotei um vira-lata branco e maluco e que precisa ser escovado vinte vezes por dia com uma ferramenta especial que só é vendida por televendas e simplesmente não é um pente." Ela também jogou fora o cortador de unhas do animal. "É só um pensamento positivo. As unhas são o menor dos problemas dele."

E então ela me contou aquela que se tornou minha história preferida sobre gavetas de cozinha. É sobre uma velha pasta que Marychris encontrou lá — uma pasta que definitivamente tinha que ser jogada fora. É o seguinte: Marychris tinha 35 anos e estava passando por uma fase realmente difícil na vida. Ela estava desempregada, fazia faculdade, estava afundada em dívidas, teve que vender o carro e não pensava em outra coisa senão em sua sobrevivência. Numa noite muito chuvosa, depois da aula, ela entrou em sua lata-velha (ela pagara 300 dólares pelo carro, então dá para imaginar o estado dele) para ir para casa. De repente, ela ouviu sirenes. Três carros de polícia a cercaram e gritaram para que ela parasse. Eles disseram a ela para sair do carro e disseram que tinham dois mandados de prisão contra ela — por não pagar multas. Marychris havia se esquecido completamente das multas e estava tentando explicar isso aos guardas enquanto eles a colocavam contra o carro e revistavam-na.

"Imagine a cena", disse ela, "meu carro caindo aos pedaços e eu parada na rua principal da minha cidadezinha em Nova Jersey, com policiais ao redor, encharcada de chuva, chorando, apoiada no meu carro, enquanto pessoas que eu conhecia passavam voadas com seus carros. Parecia coisa de filme." Então os guardas descobriram que sua carteira de motorista não apenas estava vencida, como também havia sido suspensa no dia anterior. Ela estava dirigindo ilegalmente.

"Tudo bem, aquela definitivamente não foi a época mais organizada da minha vida", disse ela, "mas ouça isso: eu estava algemada. Algemada! Acredita? Jogada no banco de trás de uma viatura da polícia e presa!" E não para por aí. Tiveram que levá-la até a cidade onde o crime fora cometido, e então, no limite entre as cidades, transferiram-na de uma viatura para a da outra cidade — o que significa que um outro policial colocou outras algemas. Ela ouvia pelo rádio do carro "Transferindo a presa..." *Presa*? Pensou ela. *Sou uma presa*? Os novos policiais levaram-na para a delegacia da outra cidade para fichá-la.

"Eles me fotografaram", disse ela. "Lá estava eu, com a plaquinha com os números na mão, chorando e parecendo uma deliquente." Àquela altura, eram 11h30 da noite e disseram a Marychris que se suas multas (que somavam 163,50 dólares) não fossem pagas naquele instante em dinheiro, ela iria para a cadeia. Ela tinha direito a um telefonema. Ligou para a mãe. Mas a mãe não tinha esse dinheiro e não acreditava em caixas eletrônicos (o que é outra história), então teve que pedir a quantia exata a um vizinho. Evidentemente, delegacias não dão troco. Quando sua mãe chegou lá, bem depois da meia-noite, Marychris teve que impedi-la de dar uma lição de moral nos policiais — o que provavelmente teria feito as duas passarem a noite na cadeia.

E afinal, o que havia na pasta que estava na gaveta da cozinha? Recibos. Recibos do pagamento da fiança, das despesas legais e uma carta do Departamento de Transportes declarando que todas as multas haviam sido quitadas. "Vai tudo embora", disse ela. "Não sou mais aquela pessoa. Naquela época não tinha dinheiro, tinha um monte de dívidas, estava sem crédito na praça e possuía uma lata-velha. Agora tenho um carro novo, crédito e terminei a faculdade. Estou jogando fora as lembranças de uma época da minha vida em que simplesmente não estava com a cabeça no lugar. Agora estou. Mas é uma ótima história, não?"

"Uma das melhores", disse a ela. E o Quixote ainda está firme e forte, mesmo sem todas as suas tralhas.

Sabe, você pode pensar em mostrar sua lista de coisas jogadas fora da cozinha a alguém da família ou a um amigo. Use o bom humor; faça-os rir, conte a eles sobre todas as coisas idiotas que você se permitiu guardar ali. Quem sabe você os motive a organizar suas cozinhas também. Por que você acha que muitas comédias são feitas a partir de situações do dia a dia? São experiências bobas do cotidiano com as quais todos podem se identificar. E o que você joga fora de sua cozinha, ou qualquer outro cômodo, pode servir de grande inspiração para piadas. É melhor usar tudo isso como material para piadas do que como entraves na sua vida. Anime-se!

Passos para organizar a bagunça da sua cozinha:

1. Pergunte-se o que este espaço representa para você. Na minha família, a cozinha é de extrema importância, porque somos apaixonados por comida e por cozinhar. Então, além de podermos encontrar as coisas de que precisamos com facilidade, o clima do lugar precisa ser agradável. Temos caixas de som para ouvir música enquanto cozinhamos, bastante espaço para aqueles que não estão cozinhando se sentarem e conversarem, e várias velas para dar um toque no ambiente. O cenário pode ser completamente diferente para você. Mas de qualquer forma, não deixe a bagunça sabotar o propósito da cozinha.
2. Jogue fora tudo o que for velho e gasto, de panelas amassadas a comida estragada. Decidimos não guardar potes e panelas que não fazem a comida que estamos cozinhando parecer bonita. Então, quando vemos promoções em lojas de utensílios para cozinha, aproveitamos para incrementar nosso arsenal.
3. Pergunte a parentes e amigos próximos o que eles gostariam de acrescentar ou retirar de sua cozinha. Minha filha Kate disse que não gostava de ver nossa churrasqueira exposta, então arrumamos espaço para ela no armário. Abigail sugeriu que armazenássemos todas as garrafas d'água em recipientes bonitos, em vez de deixá-las nas garrafas plásticas em que vêm. Ficou lindo.
4. A cozinha — principalmente os armários — parece ser lugar para tudo. Não deixe isso acontecer. É um ótimo espaço

para um grande propósito. Várias coisas maravilhosas podem acontecer na cozinha: não deixe nada atrapalhar — inclusive "aquela gaveta".

Pontuação de coisas jogadas fora da Gail:

65 revistas de culinária
11 potes de temperos velhos
7 potes quase vazios de condimentos do Jim (espero que ele não fique com raiva de mim)
Tudo o que havia "naquela gaveta", a não ser a coleira da Willa de quando ela era filhote
3 panelas de alumínio amassadas

Total: 5 coisas
Total geral: 12 coisas

Sua pontuação de coisas jogadas fora:
Seu total:
Seu total geral:

Capítulo 4 SUA SALA DE ESTAR

AINDA NÃO FALAMOS DAS NOSSAS SALAS de estar ou jantar, não é? Vamos lá.

Minha sala de estar é relativamente arrumada e bem-organizada ("Comparada a quê?", você pode perguntar. "A sua cozinha?") Não, na verdade, passamos tanto tempo na cozinha e na sala de jantar que nossa sala de estar está em ótima forma. Você não acha que sua sala de estar é o cômodo menos bagunçado? Quero dizer, ainda é bagunçada, mas nem tanto, não é? Provavelmente, isso depende da idade dos seus filhos. Quando Kate e Abigail eram pequenas, a sala de estar tinha uma casinha de papelão que ocupava quase um quarto do cômodo e um cavalinho de madeira chamado Rocky que ocupava outra porção igual. Além disso, caixas e caixas de brinquedos. Eu não trocaria aqueles dias de bagunça por nada. Mas agora não tenho desculpa.

Na nossa casa, há um parede inteira com estantes de livros, separada por três janelas que dão para a rua. As prateleiras estão cheias de livros dos últimos 35 anos. Alguns datam da época da faculdade. Há uma coletânea extensa de peças gregas que estudei quando caloura. Guardarei esta, assim como outras antologias: posso querer consultá-las em algum momento.

Ah, e falando de peças, achei uma edição de *Esperando Godot*, peça clássica de Samuel Beckett, que não posso jogar fora. Interpretei Vladimir, um dos dois personagens principais masculinos em todo um elenco de garotas na faculdade. Fiz vários papéis masculinos na faculdade. Minha voz grave e falta de atributos típicos femininos e delicados — cabelo comprido, olhos azuis, pele clara — selaram meu destino como garoto. Na verdade, eu adorava. Meu papel preferido foi o de diabo num musical no primeiro ano. Amava aquilo. Junto com a minha colega de quarto, que interpretava a assistente do diabo, levava a peça com o pé nas costas. Sei de cor as letras de quase todas as canções e estou até cantando aqui meu número principal. Ainda bem que só tem a Willa por perto.

E você? É na sala que guarda seus velhos livros e coisas da escola? Olhar para eles traz muitas lembranças, não é? Lembro-me do dr. Nelson, chefe do departamento de Inglês na faculdade, que dava aulas sobre Shakespeare. Por causa dele, caí de amores pelo bardo. Ou talvez tenha sido pelo próprio dr. Nelson. Você não ficaria surpreso se soubesse que fiz o papel de Bottom, o tecelão em *Sonho de uma noite de verão*, certo?

Até agora, não vejo nada que possa jogar fora. Você vê? Eu poderia ficar tentada a me livrar de um dicionário velho e desatualizado que eu e Jim ganhamos de casamento de um querido amigo já falecido. Deve pesar uns dez quilos. E está bem mastigado, não por Willa, mas por Thai, nosso pastor-alemão. Compramos Thai no dia em que voltamos da nossa lua de mel. Que cachorro maravilhoso. Difícil, mas maravilhoso. Na verdade, ele foi meu primeiro "filho". Senti-me tão mal por deixá-lo em casa um dia que o levei para o trabalho. Thai não deixava ninguém entrar no meu escritório. Nem acredito que fiz assim. Meu chefe disse para nunca mais fazer aquilo: pelo amor de Deus, aquilo era uma agência, não um canil.

Nossa, eu amava aquele cachorro. Infelizmente, muitos anos depois, quando eu estava grávida de Kate e Jim produzia um telejornal noturno em Nova York, Thai, que pesava sessenta quilos, correu atrás de mim e me derrubou no chão. Não sei por que, simplesmente deu algo nele. Eu havia me debruçado por cima dele para pegar o tal dicionário para checar uma palavra para uma apresentação que eu estava escrevendo, e acho que algo estranho veio à cabeça dele. Por vários minutos, fiquei deitada com a boca de Thai a centímetros da minha garganta, tentando acalmá-lo e dizendo que Jim (a pessoa de quem ele mais gostava) voltaria naquele instante. Isso captou sua atenção e ele virou-se para a porta. Eu fiquei em pé num pulo, saí correndo da sala e tranquei Thai ali, até Jim chegar. No dia seguinte, fomos até Long Island e entregamos Thai para adoção a um homem que administrava um maravilhoso canil. Ainda me lembro do olhar confuso e traído de Thai enquanto íamos embora. Eu e Jim choramos durante toda a viagem de volta para Nova York.

Vários desses livros foram mastigados pelo Thai. Acho que eles vão ficar. Acabei de colocar vários itens na minha coluna de COISAS QUE VOU GUARDAR E POR QUÊ, não é? É melhor partir logo para as coisas que vou jogar fora.

Bem, num lindo baú, nos fundos da sala, vejo pelo menos 25 ou 30 discos. Sabe, velhos LPs. Olha, tem Frank Sinatra, Simon and Garfunkel, Edith Piaf e várias outros discos maravilhosos. Tem um que acho que vou colocar para tocar agora. Sabe, seria difícil encontrar esses velhos LPs hoje em dia. Pensando bem, não é não. Posso comprá-los em CD ou baixar na internet.

A tecnologia que nos permite conseguir a música que queremos, na forma que queremos e no preço que queremos pagar (ou por preço nenhum) está mudando e melhorando quase na velocidade do som. Então, acho que vou ter que render e jogar fora estes discos velhos. Ou posso dá-los para alguém ou vendê-los para um colecionador. Na verdade, acho difícil deixá-los para trás. Fico tentada a adiar e guardá-los por mais um ano. Mas olha, não podemos simplesmente continuar abrindo gavetas, armários e baús e ver as mesmas coisas velhas e inúteis. É sufocante, drena nossa energia e estamos acima disso (lembre-se: se tiver que pesar os prós e os contras de um objeto por muito tempo, jogue-o fora.)

O que vejo nesse baú é um monte de livros sem grande importância. Há um monte de romances medíocres e, ouso dizer, livros de autoajuda que nunca li, ou, se li, nunca segui. (Você não vai fazer isso com este livro, vai?) E posso doar pelo menos quinze ou vinte deles a hospitais ou centros comunitários que estão sempre oferecendo livros para as pessoas que vão até lá. Nos fins de semana, trabalho em um centro comunitário e frequentemente eles colocam livros numa mesa para quem quiser levar. Eles acabam de ganhar uma nova e assídua doadora. (Espere até ler sobre Beth Comstock e seus livros no capítulo 8. Você vai amar.)

LIVRANDO-SE

É difícil jogar fora livros. Talvez você os tenha ganhado de presente de alguém. Talvez você tenha comprado um romance para ler nas férias, mas nunca nem pegou nele. Mas sempre acha que vai ler algum dia. Mas não estamos falando sobre "um dia" aqui, estamos falando sobre o agora. Se é um livro que você adora, fique com ele. Se ele faz você lembrar de uma época ruim da sua vida ou se tiver certeza de que nunca vai lê-lo, jogue fora ou doe para a biblioteca do seu bairro. Às vezes, elas vendem livros para angariar fundos. Outra forma de se livrar de livros é por meio dos programas de doação promovidos por escolas, bibliotecas e ONGs. Também pode vender ou doar para sebos (muitos também aceitam discos de vinil e CDs).

O que mais? As gavetinhas nas mesinhas de apoio ao lado dos sofás estão cheias de um monte de cacarecos. Lembram um pouco a gaveta da cozinha. Na minha, há várias fotos largadas, a maioria delas não muito boa. Tem uma da nuca e outra do pé de alguém. Ótimas fotos tiradas sabe-se lá há quanto tempo por um excelente fotógrafo chamado Jim. Isso é fácil, deve haver um monte delas. Acho que, em geral, fotografias representam um problema especial. É tão difícil jogá-las fora! Especialmente fotos dos filhos. (Ops, aqui tem uma da Abigail que eu não trocaria por nada. Ela está numa festinha familiar num clube na praia aos três anos. Ela acabara de derrubar um menininho chamado Matthew; ela parece estar subindo nele. Acho que era sua forma especial de convidá-lo para dançar.)

UM FIM PARA AS FOTOS

Provavelmente você encontrou toneladas de fotos enfiadas em gavetas pela casa, assim como eu. Jogue fora aquelas que não saíram direito — você sabe que tem muitas. Em relação às outras, se estiverem ocupando muito espaço, por que não escaneá-las e gravá-las em CDs? Assim você pode mandá-las por e-mail a amigos e parentes no mundo inteiro, para reviverem suas lembranças juntos (mesmo se estiverem distantes).

Fiz vários vídeos (que agora são DVDs) da infância de Kate e Abigail, usando fotos e filmagens misturados, sempre como uma maravilhosa música de fundo. Elas sempre ficavam com vergonha quando eu mostrava esses vídeos em aniversários (acho compreensível, já que eu mostrava fotos como aquela de Abigail e Matthew), mas elas vão adorar mostrá-los para seus filhos um dia. Fiz o mesmo para meus pais na comemoração de aniversários especiais. Criei um vídeo para o aniversário de oitenta anos do meu pai, com fotos dos primeiros momentos dele e de minha mãe juntos e coloquei como trilha sonora "What a Wonderful World", do Louis Armstrong. Tenho orgulho destas fitas: elas realmente marcaram momentos especiais. Mas não resolvem o problema daquelas várias fotos e o que fazer com elas. Tenho uma amiga extremamente organizada que todos os anos, religiosamente, faz novos álbuns de fotos de seus filhos, cuidadosamente classificados e com uma legenda abaixo de cada foto. Tenho certeza de que teria feito isso se não fosse uma mãe que trabalha como uma louca

— bom, na verdade, acho que não faria; sabe, não sou tão organizada assim. Opa, peraí. Sou organizada, o.k.? Só que não tanto quanto minha mãe. Viu? Livrar-se de velhos padrões negativos de forma permanente exige prática. Bom, pelo menos percebi o que estava fazendo. Você também pode fazer isso, se perceber, durante o processo, que sempre se questiona por que não o fez antes e melhor. Estamos aqui *agora*. E estamos fazendo isso *agora*. E acontece que *agora é a hora certa*.

Então, todas aquelas fotos largadas vão embora. Afinal, tenho os vídeos. E todas as fotos importantes estão em porta-retratos. Não tem problema em deixá-las para trás. Nem para mim, nem para você.

Passos para organizar a bagunça da sua sala de estar:

1. Este é o cômodo principal para a diversão, certo? Então você quer que as pessoas se sintam bem quando entrarem lá, não é? Entre em sua sala de estar como se fosse um convidado chegando a uma festa. Como você se sente? Como você gostaria de se sentir? O que você mudaria para se sentir desse jeito?
2. Considere mudar tudo de lugar, inclusive os móveis. Essa é uma das melhores maneiras de ver um lugar da casa com novos olhos. Não leve isso muito a sério ou tente ser perfeccionista. Imagine que acabou de se mudar e modifique o lugar das coisas aleatoriamente até achar a organização que lhe agrada. Então, comece a construir sua nova sala a partir disso. O que não se encaixar facilmente na sua nova organização, o que não significa nada para você ou não tem um objetivo vai embora.

3. Coloque coisas como objetos de vidro, candelabros, fotos — tudo o que você achar charmoso — de formas surpreendentes e atraentes. Quando as "coisas" parecem estar tomando conta do lugar, retire-as dali — cada arrumação de uma vez. Coloque-as numa caixa e venda-as. Veja o capítulo 7, "Sua garagem".
4. Pergunte-se qual é a melhor lembrança que tem deste cômodo — foi uma festa, uma reunião de família, um momento importante com alguém que ama? Você consegue imaginar reviver este momento agora? Existe algo neste cômodo que seria um obstáculo para isso? Tire de lá. Jogue fora.

Pontuação de coisas jogadas fora da Gail:

33 livros
27 discos de vinil
Dezenas de fotos velhas

Total: 3 coisas
Total geral: 14 coisas

Sua pontuação de coisas jogadas fora:
Seu total:
Seu total geral:

Capítulo 5 | SUA SALA DE JANTAR

A SALA DE JANTAR É MEU LUGAR PREFERIDO DA CASA. Como já disse, todos na minha família adoram cozinhar, comer, conversar sobre esses assuntos, reinventar velhas receitas e inventar novas. Certa noite, nós quatro fizemos o jantar juntos e, sinceramente, ficou espetacular. Jim fez sua famosa massa com lagosta — com um cheiroso molho feito com corações de alcachofra e alho cozido no vermute, servido com linguine negro. Ele só faz este prato em ocasiões especiais (não é tão raro nós quatro jantarmos juntos, mas certamente é especial) por duas razões: os ingredientes são caros e leva horas para ficar pronto. Mas o resultado é delicioso. Tão bom que dá para nos ouvir suspirando de prazer a cada garfada. E cada um fez uma coisa. Kate fez uma entrada de couve-flor grelhada com molho chinês, Abigail fez uma maravilhosa salada de rúcula e cebola com vinagrete de limão trufado e ambas supervisionaram a delicada criação do molho da massa. Mas é claro que a refeição em si e o ato de comê-la eram muito menos importantes do que nossas conversas e o simples fato e prazer de estarmos juntos — de nos amarmos e sabermos disso. Mesmo agora, escrever sobre essa noite preenche não só meu estômago, mas também meu coração.

Você deve estar se perguntando: "E o que *você* fez, Gail?". A resposta é: o *ambiente*. Agora, posso também confessar que tenho mania de velas. Na verdade, uma querida amiga, Patrícia Miller, anunciou isso num jantar alguns anos atrás quando, graças à enorme quantidade de velas espalhadas em todos os lugares disponíveis, o casaco de Roger, seu marido, pegou fogo. (Conhece cheiro de lã queimada?) Bom, de qualquer forma, não foi nada sério e Roger levou tudo na brincadeira. Mas dá para perceber que velas — na verdade iluminação em geral — são extremamente importantes para mim.

Estou sempre substituindo as que estão no fim. Substituindo, mas não jogando fora. Não sei por que, mas tenho caixas de velas que já estão mais da metade queimadas. Elas estão numa caixa onde guardo a louça. Acho que as guardei caso haja algum outro blecaute em Nova York. Bom, elas serão jogadas fora. Para criar um ambiente de jantar sereno, às vezes até encantador, cenário para as conversas íntimas que adoramos ter, não posso ficar com um monte de velas velhas queimadas e feias por aí, mesmo se estiverem fora de vista.

DICA ECOLÓGICA: CONSTRUINDO COM CERA

Em vez de jogar fora todos os seus restos de velas, você pode transformá-las num divertido artesanato, reciclando-as. É simples: basta adicionar essências à cera derretida e deixar esfriar em outro recipiente, com um pavio dentro. Em cerca de uma hora, você terá uma vela nova!

No armário, também tenho um monte de guardanapos de pano velhos, alguns bem esfarrapados, assim como jogos americanos surrados. Não tem por que guardá-los; não os usamos há anos. Também há alguns pratos velhos, inclusive um prato para milho especialmente feio, em forma de espigas de milho com as pontas unidas, e os centros colados na porcelana. Jim não suporta aquilo. Você tem algum prato ou travessa como este? Quase todo mundo tem. Acho que foi presente de casamento, o que significa que tem mais de trinta anos. É uma boa vender este e seis outros pratos com florzinhas. Não é que os pratos sejam ruins, só que nunca os usamos, nem em grandes festas. Isso é bem significativo.

Falando sério, quando você se depara com algo que alguém lhe deu há mais de dez anos, certamente com a melhor das intenções, mas nunca usou, jogue fora, dê para alguém ou venda. Obviamente não tem muito a ver com você. E não há nada de errado nisso. Pode servir para outra pessoa. Lembra-se da história da Carrie e a pulseira de corações? É a mesma situação.

Vou lhe dizer o que não jogarei fora: um conjunto de lenços que enfeitaram os pescoços de nossos três cães *golden retriever*, inclusive Willa. Na verdade, quando eles chegavam da pet shop, não apenas haviam tomado banho e sido penteados, com os dentes limpos e clareados (os funcionários da pet shop realmente clareiam os dentes dos cachorros enquanto refrescam seu hálito), mas muito cheirosos e adornados com um lenço de cachorro representando a época do ano. E todos esses lenços — alguns com abóboras, outros com trevos-de-quatro-folhas, outros com motivos natalinos; há várias estampas fofas — estão cuidadosamente lavados, passados e empilhados numa gaveta bem ao lado dos nossos guardanapos de tecido elegantes. Não é uma boa combinação, certo? Provavelmente não, mas, bem, é assim que nos sentimos em relação a nossos cachorros — de forma muito parecida com que nos sentimos em relação aos novos convidados para os jantares —, temos muito carinho por eles. Então, se algum dia você vier jantar em nossa casa, não vai se importar com um possível lenço de cachorro perto de seu garfo, não é?

> DESCARTANDO PRATOS
>
> Abrigos e ONGs que doam comida perto da sua casa estão sempre precisando de doações. Se você tiver pratos e talheres que estão sem conjuntos, procure estes lugares para descobrir se aceitam este tipo de doação.

E a sua sala de jantar? Ela reflete sua personalidade? Ajuda a criar o tipo de ambiente de que você gosta — um que estimule um bom papo, não apenas jantares deliciosos? Você se sente feliz quando entra lá ou é só mais uma sala? Há muitas pesquisas falando como é importante para as famílias fazerem pelo menos uma refeição juntas, de preferência o jantar. No noticiário, apareceu um estudo mostrando que famílias que jantam juntas regularmente sofrem menos de estresse e são mais saudáveis. E seus filhos crescem comendo mais frutas e legumes e tendem a ser mais magros e bem-dispostos do que os que não comem. Interessante, não? Quando Kate e Abigail eram bem pequenas, não tínhamos esse tipo de informação, só sabíamos que o jantar era o momento em que todos podíamos relaxar, compartilhar as partes boas e as não tão boas do dia, conversar não somente sobre o que estava acontecendo conosco, mas no mundo em geral. Não acho que tenha sido por acaso que disseram na escola de Kate e Abigail que elas eram bem-informadas como poucas sobre atualidades — e devo dizer, elas ainda são. Sorrio quando lembro que, quatro ou cinco anos atrás, um amigo de Kate veio jantar aqui e perguntou educadamente se poderia trazer alguma coisa. "Uma opinião", respondeu Kate.

Mas, falando sério, o que há na sua sala de jantar que poderia atrapalhar o clima de diversão e as lembranças que farão você sorrir anos depois e pode ser jogado fora? Talvez velhos pratos, guardanapos ou velas queimadas, talvez um tapete que te deixa triste ou uma luminária com a luz forte demais. Você vai saber. E jogará fora. Aliás, você não vai se surpreender em saber que quando Kate e Abigail convidam amigos para virem aqui, cercam-nos de velas — grandes, pequenas, aromatizadas ou sem cheiro. Até encontraram uma loja baratinha que vende todos os tipos de vela por um preço bem menor. Tal mãe, tais filhas!

Passos para organizar a bagunça da sua sala de jantar:

1. Qual o sentimento mais importante que você gostaria de despertar num parente ou convidado que janta na sua casa? Para mim, vêm à mente palavras como *felizes*, *encantados* e *inspirados*. Há coisas na sala que afastariam esse sentimento? Se houver, que caiam fora.

2. Qual foi o melhor momento que você já vivenciou nesta sala? Como ela estava e que sensações despertava naquele dia? Como você pode recriar esse momento? O que deve ficar? O que deve sair?
3. Coloque todas as suas travessas e pratos de uso diário na cozinha e sua louça especial na sala de jantar. Não a deixe guardada, use-a. Quem mais importante do que a sua família?
4. Se retirar todas as coisas velhas e desagradáveis que deixam você triste, terá espaço para colocar mais objetos que deixam você feliz. Que tal colocar um espelho para refletir os rostos maravilhosos de todos que jantam ali (assim como a luz de todas as suas velas fabulosas)? E que tal colocar caixas de som para ouvir uma boa música ambiente? Ou um grande vaso com plantas e uma luz indireta para dar um efeito visual incrível? Estou me empolgando demais?

Pontuação de coisas jogadas fora da Gail:

39 velas velhas e queimadas
15 guardanapos velhos
16 jogos americanos velhos
1 prato de milho feio
6 pratos bonitos, mas que não fazem meu estilo

Total: 5 coisas
Total geral: 19 coisas

Sua pontuação de coisas jogadas fora:
Seu total:
Seu total geral:

Capítulo 6 | SEU SÓTÃO

Queria falar um pouco sobre o sótão. Na verdade, me sinto mal só de falar disso. Só passar pela porta do sótão me dá mal-estar. Eis o porquê: não tiro nada de lá há anos. Sei que soa terrível, mas é verdade. (Viu, sempre volta a imagem da minha mãe me dizendo que eu não era organizada e a vez em que ela ameaçou despejar todas as minhas gavetas no chão do meu quarto. Comecei a acreditar que organizar coisas com sucesso era obviamente dificílimo e claramente algo que eu nunca faria bem).

Mas não sou a única. Sempre que alguém da minha família não sabe o que fazer com alguma coisa ou não quer decidir o que fazer com ela, colocam no sótão. Então, além dos costumeiros colchões e estrados, luminárias, cadeiras, cabeceiras, caixas de velhas fotografias e papéis, há os móveis que Kate e Abigail usavam na faculdade, tapetes velhos enrolados, eletrodomésticos antigos, casas de bonecas, jogos infantis, um quadro-negro, um piano de brinquedo, um violão, um tambor africano, muitos rolos de papel de parede (alguns mastigados, mas não pela Willa), espelhos, candelabros (alguns bem bonitos) e meu vestido de noiva. Também há diversas coisas misturadas em caixas e sacolas que não abro há anos e nem imagino o que posso encontrar lá dentro quando abrir. Mas vou chamar Abigail para me ajudar (talvez a gente traga um rádio e uma garrafa de vinho). Sim, me vejo vendendo várias dessas coisas usadas no futuro. Num futuro bem próximo.

Teoricamente, pode parecer bem fácil decidir o que guardar e o que jogar fora, vender ou dar. Bom, é claro que vou guardar meu vestido de noiva. E é tentador guardar tudo o que está em bom estado ou que pode interessar a Kate ou Abigail no futuro. Mas a palavra-chave aqui é *pode*. A última coisa que você quer é guardar um monte de coisas irrelevantes que as farão se sentir culpadas por jogar fora algum dia. Então, seja seletivo em relação ao que vai guardar. Conheço os gostos de Kate e Abigail bem o suficiente para tomar boas decisões se realmente refletir.

CLASSIFIQUE O QUE VAI JOGAR FORA POR CORES

No filme *Sex and the City*, a personagem Carrie está encaixotando todos os pertences no seu apartamento com ajuda das melhores amigas antes do casamento. Uma delas, a certinha Charlotte, propõe um ótimo sistema, utilizando etiquetas de cores diferentes. Os objetos são separados em GUARDAR, DAR e JOGAR FORA. Você verá mais adiante neste capítulo que também pode usar este sistema enquanto arruma seu sótão.

Não há razão alguma para guardar móveis velhos, especialmente quando outra pessoa poderia utilizá-los. Com os preços cada vez mais altos, comprar móveis novos pode não estar ao alcance de muitos jovens que saem de casa. Então, não vou vendê-los, vou dá-los.

Mas os eletrodomésticos vão para a caixa de coisas para vender, assim como os espelhos, luminárias, candelabros e tapetes, exceto aquele que meu avô comprou mais de noventa anos atrás. É lindo: oriental, tramado com belos desenhos vermelhos e azuis escuros e apesar de não combinar com as cores da decoração da minha casa, tem um grande valor sentimental. Quando Kate e Abigail eram bebês, brincaram nesse tapete, assim como eu e meu irmão. Temos fotos que mostram isso. O papel de parede que não foi mastigado, que na verdade é bem bonito, pode servir para cobrir a parede de um banheiro ou o fundo de um armário. (Colocar papel nos fundos de um armário que você acabou de arrumar pode dar uma boa enfeitada.) E vou dar os jogos infantis, o piano de brinquedo e o quadro-negro para a igreja. Mas o tambor africano fica. Nunca se sabe quando o desejo de batucar vai me tomar outra vez.

DICA ECOLÓGICA: CUIDADO COM O GÁS FRÉON

Aposto que você tem um ou dois aparelhos de ar-condicionado velhos no seu sótão. Se ainda estiverem funcionando, mas você nunca mais vai usá-los, doe para a caridade. Se estiverem quebrados, chame o disque-entulho oficial. Geralmente, eles coletam condicionadores de ar e outros eletrodomésticos que contêm gás fréon.

E é claro que o violininho de Kate fica. Quando ela tinha cerca de quatro anos, ouvi dizer que tocar um instrumento, particularmente o violino, ajudava bastante a desenvolver a capacidade cognitiva de uma criança. Então compramos um pequeno violino e a matriculamos numa aula de violino que seguia o método Suzuki. Este método foi criado em meados do século XX por Shin'ichi Suzuki, um violinista japonês que queria levar beleza à vida das crianças de seu país depois da devastação provocada pela Segunda Guerra Mundial. "Quero formar bons cidadãos", escreveu Suzuki. "Se uma criança ouve boa música desde que nasce e aprende a tocar, desenvolve sensibilidade, disciplina e tolerância. Passa a ter um belo coração." Ele foi pioneiro na ideia de que crianças em idade pré-escolar poderiam começar a tocar violino se o aprendizado fosse gradativo e o instrumento fosse adaptado ao tamanho de seu corpo.

Kate foi muito bem nas aulas particulares com Phil Hough. Suzuki teria aprovado de coração o sr. Hough. Ele era um homem muito gentil, afável, paciente e educado, e tinha ótima reputação no ensino de crianças pequenas. Kate começou a tocar violino quase naturalmente e até praticava quando devia. Havia uma canção, "Lightly row", que ela tocava muito bem; conseguia tocá-la inteira em menos de um minuto. No fim das contas, descobrimos que era a velocidade, e não a música, que a atraía. Ouvi-la treinando a pleno vapor depois de um longo dia de trabalho exigia uma dose extra de remédio para dor de cabeça.

Mas as aulas continuaram bem até o dia em que cometi o erro de corrigir algo que ela havia dito ao sr. Hough e ela respondeu: "Não, cabeça de vento, não foi isso que eu quis dizer!" Apesar de eu ter dado uma risada (o senso de humor, mesmo o que beirava o sarcasmo, era altamente valorizado na nossa casa e Kate não escapava disso), o educadíssimo sr. Hough ficou visivelmente chocado por minha filha ter me chamado de "cabeça de vento". "Bom, acho que está na hora de terminar a aula, não acha?", disse ele. Concordei imediatamente. E Kate, que havia pedido desculpas por sua falta de educação sem que ninguém houvesse mandado, disse, na volta para casa, que queria mudar para o piano porque ela não podia tocar a tal música mais rápido do que já fazia. Eu disse que tudo bem, e o violininho ficou em seu estojo desde então. De qualquer forma, Kate desenvolveu um "belo coração".

Pergunto-me como estará o sr. Hough. Acho que vou ligar para ele.

Todos os cômodos estão cheios de lembranças, mas parece que sótãos guardam lembranças até demais. Minha ex-assistente impecável e maravilhosa amiga Jane Blecher descobriu isso recentemente. Ela criou um sistema para arrumar aquele que pode ser o cômodo mais intimidador da casa — e sobreviveu para contar a história.

A mãe de Jane morreu cerca de um ano atrás, aos 93 anos, e minha amiga e sua irmã têm lidado com a tarefa de organizar as coisas dela há meses. Nenhuma parte foi fácil, mas o sótão foi o maior desafio. "Quando fui pela primeira vez no sótão da minha mãe, não consegui nem passar pela porta", disse Jane. "Tive que me apoiar na parede e respirar fundo. *Que direito eu tenho de entrar ali? Quem sou eu para tomar estas decisões? Como posso jogar minha mãe fora?* Jane desceu as escadas e ligou para sua melhor amiga. "Ela me disse algo que até hoje me dá forças para continuar esse processo: 'As memórias estão no seu coração', disse ela, 'não nos objetos.'"

Jane recomenda usar três sacos grandes de lixo pretos. "Coloque etiquetas de LIXO, GUARDAR e VENDER/DOAR em cada um dos sacos. As coisas que você acha que gosta e faz questão de guardar ficam no saco GUARDAR. Mas as coisas que você colocar no saco LIXO já eram. Você não voltará a elas; aquelas coisas acabaram." (Aliás, é bom lembrar que as coisas que você colocar no saco VENDER/DOAR também já eram — para você, apesar de poderem representar apenas o começo para outras pessoas.)

Jane nos alerta que o saco de LIXO será preenchido com... bem, lixo, ou seja, coisas completamente empoeiradas que você não vai querer tocar mais do que o necessário. Vista roupas velhas, use algo para cobrir o cabelo e luvas para proteger suas mãos.

"Você fica um pouco irritada", continua Jane. "Você se pergunta: *Por que todo esse lixo não foi jogado fora anos atrás? Por que minha mãe deixou essa tarefa para mim?"* (Nós temos que tomar muito cuidado para não fazer a mesma coisa com nosso filhos...) Ela avisa: "Esteja preparada para ficar realmente marcada por essa experiência."

Você deve manter uma caixa de lenços bem perto do saco GUARDAR. Não só porque você vai espirrar por causa da poeira; você também pode chorar. Encontrará coisas que não vê há anos. Talvez há décadas. Coisas boas, coisas ruins... Jane parece meio esgotada neste ponto e me conta a história do chapéu de pescador. "Era um chapéu de pescador ridículo feito de pano com alcinhas de metal, e acredite se quiser, meus pais me obrigavam a usar aquilo quando íamos a algum lago nas férias. Eu tinha que usar um colete salva-vidas laranja que dava coceira — eu tinha sete anos na época — para entrar no barco a remo. Mamãe colocava o chapéu em mim e papai arrumava o equipamento de pesca. Ele era o pior pescador que já existiu. Ele lançava o anzol num lugar que parecesse bom, guardava os remos e então o barco começava a balançar e eu ficava verde de enjoo. Eu era o tipo de criança que vomitava facilmente. Mas meu pai achava que se você vomitasse fora do barco, assustaria os peixes. É aí que o chapeuzinho entra na história. Eu começava a fazer uma cara horrível e minha mãe olhava duramente para mim, arrancava o chapéu e eu vomitava nele. Depois, ele era jogado fora e compravam um novo para a próxima aventura."

Então, enquanto desencavava coisas no sótão outro dia, Jane encontrou este chapéu. Seu pai já havia morrido há muito tempo e ela se perguntava por que diabos aquele chapéu estava ali. "Acho que minha mãe guardou como uma lembrança", disse ela. "Peguei o chapéu e fiquei olhando para ele. Uma ou duas alças estavam faltando. Tinha algumas manchas de suor, mas ainda tinha um leve cheirinho da colônia do meu pai. Ele nunca saía de casa sem ela. Mostrei o chapéu a minha irmã e disse: 'Olha, o chapéu do papai!' e ela disse: 'Haha! Acho que foi o único que sobrou limpo.' E eu comecei a chorar. Viu? Eu disse que a caixa de lenços era importante." Aliás, Jane guardou o chapéu. Você nunca sabe quando vai se sentir enjoado.

Sim, sótãos podem ser lugares tristes e alegres ao mesmo tempo. E saber o que guardar e o que deixar para trás parece uma tarefa assustadora. É por isso que passamos anos dizendo que temos que ir até o sótão e jogar coisas fora, mas por alguma razão, nunca fazemos isso. Minhas desculpas são algo do gênero: "Está quente demais para ir lá agora, vou esperar até o outono." Ou: "A luz está queimada lá em cima, está escuro demais; vou esperar até a primavera." Dou um milhão de desculpas. Mas aqui está um pequeno "Questionário de sótão" que preparei para mim — é uma espécie de versão reduzida das regras do desapego que se aplicam a este que é o mais difícil dos cômodos. É ridiculamente simples, mas funciona:

- Eu realmente gosto disso?
- Preciso disso agora?
- Consigo vislumbrar a mim ou alguém da minha família gostando ou precisando disso num futuro próximo?

Se não conseguir dizer sim a qualquer dessas perguntas, jogue fora o objeto em questão. Porque, para você, ele já era.

Ah, e da próxima vez em que subir lá para guardar alguma outra coisa — faça a si mesma estas perguntas. E se não conseguir dizer sim, *pare*. O que quer que esteja segurando será jogado fora, sem olhar para trás. Vai para o saco de LIXO ou de VENDER/DOAR. Não para o sótão.

Uma última ideia: tenha certeza de que o que você guarda traz boas lembranças. Qualquer coisa que lembre você de uma experiência difícil ou negativa em que ficou triste tem que ir embora; não importa quanto seja valioso ou o que sua mãe diria. Nós realmente somos aquilo em que pensamos. E aquilo com que nos cercamos influencia muito os nossos pensamentos — mesmo se estiver guardado no sótão. Se ainda estiver lá, ainda nos afeta. Então, amigo, não dificulte as coisas, deixe-as para trás.

Passos para organizar a bagunça do seu sótão:

1. Sótãos estão cheios de memórias boas e não tão boas. Guarde as coisas de que você gosta mesmo se não vai usá-las nunca mais. Todo o resto pode ser jogado fora ou doado.
2. Lembre-se: você não é obrigado a fazer nada que você não queira neste processo — não importa o que você acha que tem que fazer, ou que sua mãe acha que você tem que fazer, ou qualquer outra pessoa. Só faça o que te faz bem.
3. Se estiver gastando muito tempo pensando no que fazer com qualquer item que surja, jogue fora. E não olhe para trás nem se questione. Uma vez que for para o saco de LIXO ou de VENDER/DOAR, já era, como diz Jane. Siga sua intuição.
4. Veja no capítulo 7, as "Vendas de Sally Carr", que você pode não apenas deixar essas coisas para trás, mas também se divertir no processo. E lembre-se, acima de tudo: as lembranças estão no seu coração, não nos objetos.

Pontuação de coisas jogadas fora da Gail:

3 candelabros velhos
2 espelhos velhos
4 cadeira dobráveis
2 cabeceiras de cama de casal
2 tapetes velhos
1 forninho
8 caixas de jogos infantis
1 quadro-negro
1 piano de brinquedo

1 violão
3 rolos de papel de parede mastigados

Total: 11 coisas
Total geral: 30 coisas

Sua pontuação de coisas jogadas fora:
Seu total:
Seu total geral:

Capítulo 7 | SUA GARAGEM

Acho que já estamos preparados o suficiente para nos aventurarmos na garagem. Apesar dela me lembrar muito o sótão. É tão fácil simplesmente largar coisas lá sem pensar muito se deve-se guardar tal coisa ou não. O problema é que, quando você abre a porta da garagem, realmente parece um chiqueiro para quem estiver passando em frente. *Que tipo de gente eles vão achar que somos*, pergunto a mim mesma, *já que temos uma garagem tão bagunçada?*

Bem, há mais móveis que não utilizamos mais aqui, eu havia esquecido. E algumas caixas da casa dos meus pais que não guardei pois pretendia dar uma olhada nelas em breve. Isso foi sete anos atrás. Agora, isso faz eu me sentir mal.

BICICLETAS SÃO PARA O MUNDO,
NÃO PARA A SUA GARAGEM!

Quando seus filhos crescem, precisam de bicicletas maiores e as pequenas tendem a permanecer encostadas num canto. Procure doar as bicicletas antigas para outras crianças. Faça uma pesquisa, você pode achar instituições que ajudam a fazer essa doação.

Acho que em uma das caixas há vários desenhos do meu irmão, Jay, que meus pais sempre deixaram pendurados na sala de estar. Felizmente, eles estão todos cuidadosamente embrulhados, lacrados e guardados em caixas. Meus pais faleceram há muitos anos. Perdi meu irmão no meu último ano de faculdade. Ele era piloto da Marinha americana e seu avião caiu no Mediterrâneo enquanto ele fazia uma simulação de bombardeio. Eu sei que não abrir aquelas caixas foi minha forma de evitar a dor provocada por todas aquelas lembranças, que como todas as feridas profundas, nunca se curam totalmente. Mas acho que está na hora de desempacotar cuidadosamente aqueles desenhos e pendurá-los em nossa casa. Um ou dois deles podem ficar lindos nos apartamentos de Kate e Abigail ou, quem sabe, no meu escritório. Sim, está na hora de abrir estas caixas. Vou tocar nas feridas enquanto fizer isso. Mas também trará de volta lembranças maravilhosas. Como tivemos momentos maravilhosos juntos... Nos amávamos muito. E sabíamos disso. Quando nós quatro estávamos juntos, minha mãe sempre dizia para "abraçarmos o momento"... para sempre lembrarmos como éramos sortudos de termos uns aos outros. Assim, não importa o que acontecesse, sempre iríamos lembrar. Eu lembro.

Recentemente redescobri um romance de Thornton Wilder chamado *A ponte de São Luís Rei.* O último parágrafo significa muito para mim. Se você estiver com saudades de uma pessoa amada que já se foi, ele também pode te ajudar.

> Nós devemos ser amados e então esquecidos. Mas o amor terá sido o bastante: todos os impulsos do amor retornam ao amor que os gerou. Nem mesmo a memória é necessária

ao amor. Há uma terra dos vivos e uma terra dos mortos, e a ponte é o amor, o único sobrevivente, o único significado.

Então, enquanto encho as caixas para jogar fora com todas aquelas ferramentas enferrujadas, sacos de adubo velho e até mesmo a velha rede que finalmente arrebentou quando Kate, Abigail e Willa se amontoaram nela, estarei abrindo outras caixas e abraçando o amor e as memórias que surgirem.

Como você está indo? Encontrou algo que te permitiu redescobrir e reacender uma velha memória ou uma pessoa amada? Lembre-se, mais uma vez, das regras do desapego. Se algo faz você se sentir mal e incomodado, vai embora. Se representa ou lembra você de algo bom ou importante — algo que vale a pena *você* abraçar —, fica.

Mas olha, não dá para querer guardar as rodinhas da bicicleta da sua filha, não é? Afinal, agora ela tem dezoito anos. E aquelas latas de tinta, verniz e pincéis ressecados? (Deveríamos tê-los mergulhado em óleo logo depois de usar, certo?) Uma dica sobre como jogar fora tinta velha: se ligar para a companhia de lixo, pode descobrir se eles recolhem tinta separadamente. Há também um truque que o vendedor da loja de tintas me ensinou: encha a lata velha com terra e jogue concreto em pó por cima. Em uma hora, a tinta se tornará um bloco sólido de cimento. Aí você pode simplesmente jogar no lixo

> **DICA ECOLÓGICA: JOGANDO FORA LIXO TÓXICO**
>
> Tenho certeza de que encontrou todo tipo de coisa na sua garagem — tinta velha, óleo para motor. Mais uma vez, temos que descartar esse lixo corretamente, pois sabemos que são prejudiciais ao meio ambiente. Muitas cidades realizam o recolhimento de lixo tóxico. Pesquise e descubra.

E não há motivo para guardar todos esses vasos de plantas. Pelo menos, não os de plástico. Vou guardar alguns de cerâmica e me livrar do resto (lembre-se: só contam como um item)

Na verdade, há toneladas de coisas aqui que precisam ir embora. É a mesma história com outros cômodos da casa (como o sótão): para onde devem ir? Bom, podemos colocá-las numa lata de lixo ou numa caçamba de entulho. Meu amigo Richard Pine alugou uma caçamba para sua casa e diz que é uma das melhores coisas que já lhe aconteceram. Ele está reformando um dos banheiros, e a caçamba foi colocada para coletar os restos do antigo banheiro. Mas Richard gostou tanto dela que a está mantendo por uns tempos e usando como receptáculo para quase tudo que ele acha que não precisa mais. Na verdade, ouço coisas maravilhosas sobre caçambas de entulho. "Arranjar uma caçamba foi uma das melhores coisas que já fiz pela minha família", disse-me por e-mail, recentemente, uma mulher entusiasmada. "Quando meu filho mais novo foi fazer faculdade em outra cidade, alugamos uma caçamba por dez dias e jogamos absolutamente tudo dentro dela — de velhos cadernos de escola a piscinas da Barbie quebradas" É uma possibilidade. Mas há outra.

Minha amiga Sally Carr mora numa cidade pequena e todos os anos faz um bazar. Ela convida todos que conhece a trazerem para sua casa coisas de que querem se livrar para vender no bazar. E pode acreditar, é uma ótima ideia. "Faço esses bazares há quarenta anos", diz Sally, "e eles só melhoram." (Veja as dicas de Sally para um bom bazar no fim deste capítulo.)

Com "melhoram", Sally não quer dizer apenas que cada vez mais pessoas participam e o bazar acabou se tornando um grande evento, mas também que as histórias ligadas a ele se tornam mais engraçadas e inspiradoras a cada ano. E sempre surge uma história: uma mulher que havia perdido a mãe há trinta anos finalmente conseguira encarar suas roupas e acessórios, então as levou para o bazar de Sally. Você não imagina como aquele dia foi emocionalmente difícil para ela. Os maravilhosos lenços de seda estavam a cinco dólares e venderam como água. Num primeiro momento, a mulher ficou chateada: havia levado tanto tempo para ela simplesmente considerar a possibilidade de dar as coisas de sua mãe, e lá estavam elas, sendo levadas embora por estranhos. Mas algumas semanas depois, ela viu Sally usando um dos lenços e percebeu como a nova dona tinha carinho por ele. "Agora sei que fiz a coisa certa", disse ela.

E por falar em fazer a coisa certa — os bazares de Sally não são apenas por diversão. "Considero meus bazares e os de todos os outros como a melhor forma de reciclar e reutilizar as coisas", diz ela. "Além dos meus potes e panelas, absolutamente tudo na minha casa é usado. Você vai encontrar antiguidades do século XVIII junto com itens de um bazar em benefício de pacientes com câncer. Num recente almoço na casa de Sally, uma convidada notou um belo retrato a óleo pendurado na parede da sala de jantar.

— É algum parente seu? — perguntou ela.

— Não — respondeu Sally. — Comprei num leilão.

— Você não acha meio pretensioso pendurar o retrato de alguém que você nem conhece na sua parede?

— De jeito nenhum — respondeu Sally. — Eu sou apenas uma zeladora das coisas da minha casa. E isto é um tesouro que vou apreciar e cuidar, porque alguma outra pessoa não pôde.

Mas o compromisso de Sally com a reciclagem vai ainda mais longe. "Estou ensinando a meus netos a importância e prazer de usar as coisas durante um tempo e depois passá-las adiante. Quando tem um bazar, dou um ou dois dólares a cada um deles e os estimulo a comprar os brinquedos que quiserem. Eles se divertem muito e encontram várias coisas interessantes", diz ela. "Mas o que realmente aprendem é que se evitarem que uma única peça de plástico vá para o lixão, usando os brinquedos que foram de outras crianças e depois passando-os adiante quando não os quiserem mais, estarão fazendo sua parte para preservar o meio ambiente."

O lema de Sally é: "Se você não precisa mais de um objeto, passe-o para frente." Mais uma coisa sobre os bazares de Sally. Todos os anos, ela promove um concurso para eleger a peça mais feia. "Todos votam e a competição é acirrada", diz ela. Mas aqui está a parte engraçada: não importa que o item seja pouco atraente, mal-acabado ou simplesmente horrível, ou o quanto você esteja convencido de que ninguém em sã consciência o compraria: sempre é o primeiro a ser vendido. Sempre.

DICAS DE BOAS VENDAS DO BAZAR DE SALLY CARR

- **Defina uma data para seu bazar assim como uma data alternativa em caso de chuva.** Sally recomenda a primavera ou o outono. Confira se mais alguém do seu bairro está fazendo algo semelhante. "Você não vai querer competir com o bazar da igreja", diz Sally, "porque não é legal, mas, por outro lado, se houver vários bazares ocorrendo na mesma época, vocês podem acabar se ajudando."
- **Escolha uma casa, a sua ou de alguém, onde seja fácil estacionar,** com espaço para colocar cadeiras e circular livremente. "Nosso terreno tem um velho muro de pedra, que é perfeito para as pessoas exporem algumas de suas coisas", afirma Sally.
- **Anuncie o evento com uma ou duas semanas de antecedência** em jornais locais, quadros de avisos, supermercados e distribua filipeta em sua área. Limite a divulgação a um raio de 30 km do local do evento. "Não espere que as pessoas vão mais longe que isso. A gasolina está cara demais", alerta Sally. Ela também diz: "Encontre itens como roupas de cama, porcelanas, artigos finos em ferro e bronze e antiguidades e outros objetos em materiais nobres para colocar nos anúncios."
- **No dia da venda, coloque cartazes atrativos bem à vista** pelo seu bairro e perto das ruas principais. "Nunca esqueça de retirar os cartazes e anúncios imediatamente após as vendas", alerta Sally. "Afinal, você não quer ficar com fama de poluir a cidade."

- **Crie um nome para o seu bazar**, diz Sally. "Um nome divertido. Algo como 'As boas compras', ou algo do tipo, mostra que não vai haver lixo à venda e que você pode se divertir. O que não deixa de ser verdade."
- **Cobre de cada vendedor uma pequena taxa** (entre 15 e 20 reais) para ajudar a cobrir os custos dos anúncios e lanches. Sally e seu marido, Larry, servem café e bolinhos aos vendedores enquanto estão montando o evento. Além disso, Larry oferece um almoço com maravilhosos cachorros-quentes, hambúrgueres, macarrão, cerveja, vinho e refrigerante. O bazar vai de 9 da manhã às 4 da tarde, com a montagem marcada entre 7 e 9 da manhã. Geralmente há entre dez e doze vendedores (muitos dos quais contribuem com algo delicioso para o almoço) e comparecem entre 100 e 150 pessoas. É uma festa.
- **Estimule os outros vendedores a limparem, consertarem, lavarem, trocarem baterias, passarem, polirem ou fazer o que for preciso para tornar os itens mais atraentes.** "Não canso de bater nessa tecla", diz Sally. "Coisas com boa aparência e que funcionam vendem; coisas que não estão assim, não são vendidas. Simples assim."
- **Estimule os vendedores a venderem seus produtos sendo simpáticos com os consumidores potenciais,** conversando com eles, respondendo perguntas e mostrando o que têm para vender. Muitos vendedores realmente vestem as roupas que estão vendendo, o que pode ser bem divertido.

- **Lembre os vendedores de definirem os preços de seus itens com cuidado.** "Trata-se de um bazar, não de um antiquário ou de uma loja bacana", diz Sally. "As pessoas compram em bazares por causa das pechinchas, não para pagar o mesmo preço de uma loja." Frequente outros bazares, brechós e mercados de pulgas para ter uma noção dos preços. Nem tudo o que é antigo vale muito. Sally lembra que as pessoas chegam ansiosas por pechinchas e os preços devem também levar isso em consideração. "É incrível ver como os vendedores compram uns dos outros enquanto expõem suas próprias mercadorias. Esta é a melhor forma de reciclar".
- **Divirta-se: conte histórias**. Muitas das pessoas que vão às "boas compras" de Sally voltam sempre. É fácil entender por quê. Além de dar um prêmio para o item mais feio e rejeitado do bazar, Larry e seus amigos vestem roupas realmente escandalosas com etiquetas de preços igualmente escandalosos penduradas. "Você deveria ter visto um vendedor dando a um comprador desavisado mil razões para comprar um item em particular que não tinha absolutamente valor algum", diz Sally. "É hilário." Há diversão e histórias em abundância. E claro, as histórias acabam se mostrando de extrema importância. "É emocionante quando alguém vende coisas que pertenceram a seus pais ou a alguém que amavam e perderam", conclui Sally. "Às vezes gostam de contar histórias sobre a pessoa de quem sentem saudades e dizer por que aquela coisa era tão especial. É importante ouvir. Ajuda-os a seguir em frente."

Pelas minhas contas, *já passei de trinta coisas*, mesmo seguindo a regra de que várias coisas do mesmo tipo contam como um só item. Você deve estar indo no mínimo tão bem quanto eu. Então vale a pena dizer agora que nada te impede de chegar a 75, 100 ou muito mais coisas.

Agora é um ótimo momento para atualizar sua lista e saber até onde chegou. Não há nada como um reforço positivo para lhe incentivar a continuar — e ainda há muita estrada pela frente. Lembre-se: nosso objetivo é limpar os restos irrelevantes do passado para podermos começar a construir um futuro à altura não só de quem somos agora, mas também da pessoa que estamos nos tornando. Como um velho amigo costumava dizer: "Você pode colocar o melhor molho do mundo em comida de gato, mas ainda será comida de gato." Jogue fora.

Passos para organizar a bagunça da sua garagem:

1. Abra a porta da garagem. Como você se sente quando alguém passa por ela e vê todas aquelas coisas lá dentro? Quem se importa com o que elas pensam, certo? Mas mesmo assim. A garagem funciona como uma espécie de caverna onde colocamos coisas que não queremos, mas de que ainda não decidimos nos livrar. Agora é hora de se livrar delas.
2. Mais uma vez, você deve guardar apenas as coisas que significam algo para você, como os desenhos do seu irmão ou algo do tipo. E de qualquer forma essas coisas não devem ficar na garagem. Coloque-as onde devem ficar, use-as, ou, como diz Sally, passe-as adiante.
3. Você pode comprar grandes caixas de plástico com etiquetas para guardar as quinquilharias que você realmente usa.

Armazene-as de forma acessível, mas também bonita. Quando toda a área estiver limpa e organizada, considere pintá-la. É sério, conheço um cara que pintou o interior da garagem de vermelho depois que arrumou tudo. Ficou fantástico. Ele adora admirar aquele espaço.

4. Faça um bazar e convide todos que você conhece, inclusive os filhos, para trazerem não apenas coisas para vender, mas também comidas e bebidas. Faça disso uma festa. Comemore o ato de passar adiante as boas coisas (mesmo se algumas delas forem meio feias).

Pontuação de coisas jogadas fora da Gail:

4 cestas de vime quebradas
14 vasos de cerâmica e plástico velhos
8 latas de tinta velha e solvente
1 saco de adubo para plantas
1 baú de vime

Total: 5 coisas
Total geral: 35 coisas

Sua pontuação de coisas jogadas fora:
Seu total:
Seu total geral:

Parte Dois

Seu escritório — desfazendo a bagunça profissional

Capítulo 8 | DEIXANDO CLARA A SUA MARCA

Bem, por mais que eu queira adiar, está na hora de entrar no escritório. Você pode não ter um escritório no sentido tradicional: cada vez menos gente tem. Talvez você tenha um pequeno escritório em casa ou um espacinho onde cuida dos seus negócios. Não importa, o processo de jogar fora é basicamente o mesmo. Quer você seja um empresário iniciante e destemido, um alto executivo ou simplesmente ocupe aquele espaço, tem que deixar para trás o que não serve mais para você.

Steve Jobs, fundador da Apple, gigante da informática, é um dos meus empreendedores favoritos. Ele sabe quando manter algo e quando deixar para trás.

Muitos anos atrás, ele foi paraninfo na formatura de uma turma da prestigiosa universidade de Stanford e disse várias coisas maravilhosas e inesquecíveis. Já devo ter distribuído pelo menos umas mil cópias do seu discurso na ocasião. Ele falou sobre paixão, fé e até mesmo morte. "A morte é provavelmente a melhor invenção da vida", disse ele. "É o agente modificador da vida. Ela elimina o velho para abrir espaço para o novo." É exatamente isso que nós estamos fazendo agora, não é? "Seu tempo é limitado", disse ele, "então não o desperdice vivendo a vida de outra pessoa. Não fique paralisado pelos dogmas — que é exatamente viver de acordo com os resultados do pensamento de outras pessoas. Não deixe o ruído da opinião dos outros sufocar sua própria voz interior. E o mais importante, tenha coragem de seguir seu coração e sua intuição. De alguma forma, eles já sabem o que você realmente quer se tornar. Todo o resto é secundário."

E aí ele contou esta história maravilhosa. "Quando eu era pequeno, havia uma publicação maravilhosa chamada *The Whole Earth Catalog* [Catálogo de toda a terra]." O livro era a bíblia dele, publicada nos anos 1960 por Stewart Brand, que o produzia utilizando máquinas de escrever, tesouras e câmeras Polaroid. Jobs a descreveu como uma espécie de *Google* (ferramenta de buscas na internet) em papel... idealista e transbordando de ferramentas interessantes e grandes ideias. Ele descreveu como Stewart e sua equipe publicaram várias edições do catálogo. E então, quando finalmente a publicação chegara a seu limite, era hora de deixá-la para trás. Então lançaram a edição final. Na contracapa, disse Jobs, havia uma fotografia de uma estrada, tipo no meio do nada: "Do tipo em que você deve ter brincado quando criança." Embaixo das fotos, as seguintes palavras: "Tenha fome. Seja louco." Era a mensagem de despedida de Brand e sua equipe. "Sempre desejei aquilo para mim mesmo", concluiu Jobs, "e agora que vocês estão se formando e começando uma nova vida, desejo o mesmo para vocês. Tenham fome. Sejam loucos." Eu desejo o mesmo para nós dois.

Eu queria que não fosse tão difícil ter coragem suficiente para ser louco ou ser seguro o bastante para buscar algo que talvez você nunca atinja. Ainda assim, sei que a verdadeira alegria não está na conquista, mas na luta. E boa parte da luta reside em deixar o passado para trás. Esta é a única maneira de mudar; de evoluir, de se tornar o que você está destinado a ser. Meu pai sempre dizia. "Tenha os pés leves e esteja pronto para dançar. O mundo gira rápido demais para você ficar parado. Apaixone-se pela mudança."

Eis a questão principal: você não pode ser ágil e estar pronto para entrar na dança se estiver preso naquele bloco de mármore de velhas fichas de apresentações, propostas rejeitadas, dados irrelevantes e livros dos grandes gurus dos negócios que nunca leu. Pegue seu material para esculpir a pedra.

Bom, enquanto está no escritório, o que *você* tem para jogar fora? Não poupe nada. Estou vendo, por baixo, entre 75 e 100 coisas por aqui, incluindo todos os livros e documentos. Infelizmente são todos coisas do mesmo tipo, então vão contar como apenas um item. Mas acho que é justo, não? Senão, já teríamos terminado. E Deus sabe que não terminamos. Não estamos nem perto.

POR QUANTO TEMPO GUARDAR ALGUNS ITENS

Sua empresa pode ter uma política que indica o que pode ser jogado fora, o que deve ser guardado e o que deve ser rasgado. Siga essas regras. O principal é eliminar coisas inúteis ou negativas que estão ao seu redor. No escritório da sua casa, você pode seguir estas regras gerais:

- Correspondências bancárias: guarde só aquelas que sejam importantes para assuntos de impostos.
- Contas: guarde por um ano, mas se assegure de que pagamentos e cheques cancelados tenham voltado.
- Faturas de cartão de crédito: guarde qualquer correspon-

dência ligada a impostos por cinco anos. Rasgue os recibos depois de conferir se batem com a sua declaração.

- Contracheques: guarde por um ano.
- Correspondências do plano de previdência: guarde o extrato anual até se aposentar, mas rasgue os outros se tudo estiver correto.
- Restituições de impostos e imposto de renda: guarde por cinco anos

Se parece que eu tenho medo do processo de jogar coisas fora deste local em particular, é porque o simples pensamento de entrar no meu escritório me deixa paralisada. Como empresária, tentei todas as formas de abordagem para o meu negócio nos últimos dez anos. Algumas funcionaram, outras não, e cada uma trouxe sua própria carga de coisas: de documentos e propostas para empresas, ideias para livros, livros de exercícios e CDs, modelos para sites, a centenas de fichas de apresentações, milhares de notas sobre pessoas que aconselhei e prateleiras recheadas de livros de outras pessoas e manuscritos.

Seja você um empresário ou não, deve ter arquivos e pastas parecidos enfiados em armários e gavetas. A questão é: quantas dessas coisas realmente têm a ver com o que você é agora ou com o que está se tornando?

Para saber o que jogar fora no seu escritório, temos que saber qual é a nossa marca. Em outras palavras, que valores propomos, ou, como dizem no meio publicitário, qual é a essência da marca? O que prometemos? Não importa quem você é, o que você faz, você tem uma marca.

Se você não criá-la, alguém vai criar por você. E esse alguém pode inventar algo que não combina com sua melhor visão de si mesmo. Mas você pode.

É absolutamente vital para nosso sucesso decidir (aqui está esta palavra novamente) quem nós somos em essência e o que nos diferencia — ou poderia diferenciar — da multidão. Isso significa que temos que *deixar para trás* o que não serve para a nossa marca. Quando você enxerga dessa forma, fica muito mais fácil jogar fora coisas que não servem mais — não só no seu armário, mas também no escritório. Eu, por exemplo, vou jogar fora todos os documentos e propostas em que tentei me encaixar onde não cabia... todas as vezes em que me vendi para empresas como especialista em estrutura organizacional ou gerenciamento de crises. Não sou nenhuma dessas duas coisas. Mas a boa notícia é que conheço pessoas maravilhosas que são. E quando detecto que algum dos meus clientes corporativos necessita de uma dessas habilidades — ou de qualquer outra que não representa minha marca — recomendo com total confiança um dos meus colegas.

O que eu sou é muito mais simples do que isso: sou uma motivadora. Ajudo as pessoas a descobrirem o quanto já são boas e mostro a elas como trazer à tona o melhor de si para a próxima fase de suas vidas. Pura e simplesmente. E tudo o que eu faço — cada palestra que dou, cada coluna que escrevo, cada seminário que conduzo e cada sessão de *coaching* que tenho com alguém — tem que seguir esta premissa. Então, qualquer coisa que não combine com essa definição dos meus negócios vai embora. Contando por baixo, devo jogar fora pelo menos trinta documentos e propostas importantes. Para você, podem ser arquivos velhos, fichas de apresentações e relatórios. Aposto que você tem centenas deles. Viu como é fácil chegar a cinquenta? Eu devia ter mudado o título deste livro para *Jogue fora 150 coisas*! Ou talvez duzentas.

E você? Qual é a premissa da sua marca? O que você se compromete a oferecer — sempre? Quer você seja seu próprio chefe ou trabalhe para outra pessoa, precisa de uma premissa — e mantê-la. Seja corajoso, entusiasmado, único. O que você oferece que ninguém mais pode oferecer? O que o diferencia — ou poderia diferenciar — de pessoas que fazem coisas parecidas? Como você gostaria que alguém o descrevesse, em uma frase de efeito? "Ah, sim", diriam, "aquele é o [seu nome], que..." (Mais tarde você vai descobrir o quanto adoro que as pessoas completem esta frase.) E as palavras deles devem empolgá-lo e fazê-lo refletir. "É, eles tem razão. Esse sou eu. E ninguém faz isso melhor." Tudo o que não se encaixar nesta descrição deve ir para as latas de lixo — tanto as mentais quanto as materiais.

DICA ECOLÓGICA: CARTUCHOS DE TINTA VELHOS

Todo mundo sabe o quanto é fácil reciclar papel, mas o que fazer com outros materiais de escritório? Várias lojas de informática recarregam cartuchos para impressora, por um preço bem abaixo de um cartucho novo. Confira.

Lembre-se, a bagunça esconde a clareza. A bagunça também limita sua agilidade, para não dizer sua capacidade de identificar as oportunidades para periodicamente refinar, e, às vezes, dependendo das condições do mercado, reinventar a sua marca.

Beth Comstock é uma boa amiga e definitivamente alguém que conhece a essência de sua marca particular. Ela se define como uma agente de mudanças. Ela é realmente brilhante em promover inovações e mudanças em qualquer cenário em que se encontre. Ela tem a fantástica capacidade de ver novos padrões: novas formas de conectar velhas ideias aparentemente opostas, formando algo novo e vibrante. Na minha opinião, este é o epítome do pensamento criativo e estratégico. Então, se Beth se posicionasse como uma profissional "operacional", "detalhista' ou até "tática", iria contra a essência de sua marca. Ofuscaria ou até esconderia totalmente o que a torna tão especial.

Uma de suas tarefas recentes exigia que ela fosse tática. E como ela não apenas é inteligente e totalmente comprometida com a empresa em que trabalha, mas também trabalha muito bem em equipe, ela mergulhou na tarefa com sua tenacidade habitual e fez um excelente trabalho. Seria fácil e bastante tentador para ela continuar no caminho operacional e crescer em sua empresa ou em outra; certamente ela conseguiria. Mas isso não reflete realmente quem ela é. E no fim das contas, não é o que a distingue de qualquer outra pessoa dentro ou fora da empresa. Então, ela convenceu seu chefe (que, felizmente é um líder de cabeça aberta) a lhe designar uma tarefa em que pudesse usar seu espírito criativo e sua capacidade de implementar mudanças. Quando assumiu o novo cargo, mudou a ambientação do escritório — algo que já fizera inúmeras vezes antes. Mas ainda havia muita coisa do antigo escritório para jogar fora e algumas coisas para trazer.

"Cada vez que faço uma mudança", diz Beth, "prometo

nunca mais acumular tantas coisas. Mas a cada mudança, ali estou eu, tirando coisas e pensando: *Por que guardei isso? Onde será que eu estava com a cabeça?*" Você tem algum daqueles brinquedinhos e bugigangas que as pessoas geralmente têm em seus escritórios? Eu e Beth temos. Ou tínhamos. Ela me disse: "Por que uma mulher adulta precisa de um passarinho de brinquedo que pia quando alguém entra na sala?" Essa me superou.

Ela continua: "Será que eu realmente achava aquelas bonecas russas com a cara do Bill Clinton tão especiais? Lembro de um antigo colega de trabalho que colecionava miniaturas de cachorros-quentes. É a primeira coisa que me vem à cabeça quando penso nele. Cá entre nós, quem quer ser lembrado como o cara do cachorro-quente?

Livros eram uma das grandes paixões de Beth e nessa mudança ela finalmente teve que separar todos os livros de que não precisava. (Na verdade, ela achou três — pode contar, três — caixas de livros que nunca haviam sido abertas. Não valia a pena.) "Sabe," disse Beth, "adoro livros. Eles alimentam minha curiosidade e talvez simbolizem quem eu sou para meus colegas. Quando me cerco de livros, parece que estou gritando: *'Quero aprender. Sou curiosa. Sou inteligente.'* Mas Beth decidiu que talvez não precisasse mais provar isso — e que em alguns casos, o excesso de livros na verdade representava um peso para ela. "Livros podem ser um fardo ou fonte de frustração, porque me lembram o tempo todo que nunca terei tempo e energia suficientes para ler tudo o que tenho, quanto mais o que ainda vai ser publicado."

No total, Beth se livrou de mais de 12 caixas de livros. (Eu disse que ela podia nos ensinar algo sobre livros.) Alguns ela deu para colegas, com dedicatórias dizendo por que gostava daqueles livros e por que eles também poderiam gostar (uma ótima ideia); alguns foram doados para bibliotecas públicas. Ela também comprou um aparelho chamado *Amazon Kindle*, espécie de biblioteca eletrônica que armazena mais de duzentos livros e permite lê-los. Ela gravou nele seus livros de referências e de negócios, deixando suas prateleiras livres para os títulos que a inspiram e motivam.

Beth definitivamente é uma filha da era digital. Ela foi chamada de "diva digital" pelo jornal *New York Post* e não foi por acaso, mas essa é outra história. Ela se comprometeu a não usar mais papel e está arquivando tudo eletronicamente. Ela recomenda o site de buscas *Google* e o gerenciador de desktop X-1 (para empresas) como ferramentas que permitem encontrar qualquer e-mail, documento ou apresentação no seu computador, baseando-se em algumas palavras-chave.

É claro que nem tudo vai embora. Há uma caixa de ob jetos que viajaram por todos os lugares com ela, desde seu primeiro emprego. "É como meu baú de tesouros", diz ela. "Há fotos, antigos projetos queridos, cartas especiais, artigos de imprensa, coisas com valor sentimental. Toda vez que me mudo, coloco coisas novas ali e às vezes jogo fora coisas que não me emocionam mais. Acho que essas coisas são uma forma que encontrei para rir de mim mesma (geralmente dos cortes de cabelo malucos que já usei) ou dizer 'Parabéns, garota', e me lembrar das experiências e conquistas que me deixaram realmente orgulhosa."

Aliás, é muito bom ter uma caixa dessas — desde que você saiba por que está guardando aquelas coisas em particular. Se não souber, jogue fora.

Passos para organizar a bagunça e deixar clara a sua marca:

1. Decida quem você é e quem não é. Escreva exatamente o que diferencia você de outras pessoas que fazem coisas parecidas — na sua empresa ou em outro lugar. Declare a premissa da sua marca. E acrescente estas palavras no final: ... *e ninguém faz isso melhor*. Seja corajoso.
2. Jogue fora absolutamente tudo o que esconda ou não tenha a ver com a sua marca — ou que te puxe para velhas ideias sobre si mesmo. Não perdoe nada.
3. Considere adotar recursos digitais, como Beth recomenda, reduzindo o lixo em papel. Seja completo.
4. Não gaste muito tempo analisando o que deu certo ou errado no passado. Deixe isso para trás, para poder viver e trabalhar no presente. Esteja no aqui e agora.

Pontuação de coisas jogadas fora da Gail:

22 livros velhos de gurus dos negócios que nunca li

33 fichas de apresentações muito velhas que não representam mais minha marca atual e me puxam para o passado.

Total: 2 coisas
Total geral: 37 coisas

Sua pontuação de coisas jogadas fora:
Seu total:
Seu total geral:

Capítulo 9

MANTENDO O QUE FUNCIONA, ELIMINANDO O QUE NÃO DÁ CERTO

CONHEÇO UM RAPAZ QUE PENDURA NA PAREDE uma coleção das chaves dos quartos de todos os hotéis em que se hospedou nos últimos trinta anos. É sério, há chaves de lugares chiquérrimos — como o hotel Ritz de Londres e o Hotel Du Cap, em Cap d'Antibes, na Riviera Francesa —, mas também de hotéis nada estrelados, como os de beira de estrada americanos. Algumas das memórias que trazem são boas, outras, ruins. Mas boas ou ruins, lá estão elas.

— Por que você guarda isso tudo? — perguntei a ele.

— Não sei — respondeu. — Eu as coleciono há muito tempo. Gosto de olhar para elas.

Não há nada de errado em ter por perto, até mesmo no escritório, coisas que nos dão prazer — que simplesmente gostamos de ficar olhando. Não sei se conseguiria trabalhar um dia no meu escritório se não tivesse fotos de Jim, Kate, Abigail e Willa para olhar — e para mostrar a todos que aparecem por lá. Mas se alguma coisa te deprime ou faz você se sentir mal, se dá uma sensação de cansaço ou impede que você evolua na vida ou no trabalho, ela tem que ir embora.

Falando no que tem que ir embora, um dia, Kathy Robb estava dando uma olhada no seu escritório enquanto falávamos no telefone quando notou um monte de bonés de vários eventos corporativos — outro exemplo de "diversão forçada", certo? Um boné em particular chamou sua atenção. "Ai, meu Deus," disse ela. "Esse boné me deixa arrasada." Kathy é advogada especializada em direito ambiental e frequentemente sai a campo para fazer inspeções ambientais. Houve uma visita em particular que foi um pesadelo. Sua filha pequena estava gripada e Kathy detestava ficar longe dela mesmo que por uma hora, quanto mais por três dias. Para piorar, uma nevasca atrasou seu voo de volta em um dia inteiro. Não preciso dizer que ela ficou desolada. O boné estava na sacola de brindes dada pela empresa anfitriã; quando chegou ao escritório, simplesmente o jogou na prateleira junto com todos os outros. "Sabe," disse ela, "quase fico com o estômago embrulhado quando olho para esse troço." Neste momento, ela me deixou na espera, foi até a estante, pegou o boné e jogou no lixo. "Nossa, como isso é bom", disse ela, ao voltar ao telefone. (Só para constar: mais tarde, Kathy tirou o boné da lixeira e colocou na cesta de reciclagem apropriada do escritório. Afinal, ela é especialista em direito *ambiental*.)

O equilíbrio entre trabalho e vida pessoal é um assunto que atormenta todos com quem trabalho, tanto homens quanto mulheres — e objetos no escritório que nos lembram dos tempos de muito trabalho e nenhuma vida pessoal realmente nos deprimem.

Scott Preiss é um executivo altamente competente de uma instituição financeira, mas em sua opinião, o que o torna uma pessoa de valor é sua absoluta dedicação à família e seu cuidado em sempre estar junto dela em todas as oportunidades. Ele já foi a lugares bem diferentes a trabalho — Moscou, Tunísia, Londres, Pequim — e relata que nunca viu nenhuma das maravilhas que estes lugares têm a oferecer.

Enquanto seus colegas esticavam as viagens para conhecerem um pouco mais os locais, Scott nunca fez isso. "Meu negócio é ir, trabalhar e voltar", diz ele. "Faço qualquer coisa para chegar para o jantar — o último vestígio dos laços e da comunicação familiar — o mais rápido que puder, para poder ouvir os altos e baixos dos dias dos nossos filhos. Assim, me faço presente na vida deles." Você deve estar pensando: *Que cara maravilhoso!* Certo? Espere até ouvir isso: "Para ser sincero, sempre sinto um aperto no coração durante essas viagens. Ver maravilhas incríveis ou viver aventuras extraordinárias sem minha esposa e quatro filhos fantásticos me dá simplesmente uma sensação de vazio", diz Scott. Se você visse a expressão no rosto dele quando me contou isso, saberia que cada palavra foi mais do que sincera.

Então o que Scott faz para afastar as memórias de alguns desses desequilíbrios entre vida pessoal e trabalho? "Todo mês de dezembro, religiosamente, reúno as pastas coloridas que representam os muitos dias e horas de negociações, conflitos e, às vezes, soluções pelo mundo — e o que vejo não é o impacto positivo que tive, mas a decepção que sinto por ter perdido os jantares, sorrisos, abraços e conversas carinhosas. Então todo ano coloco estes arquivos — importantes demais para destruir, dolorosos demais para guardar — e os envio para o depósito com um sorriso de satisfação. Enquanto as caixas deixam meu escritório, sinto que pelo menos parte da frustração com o ritmo acelerado do trabalho se desfaz."

Tudo bem, a maioria das pessoas não tem um depósito para mandar as coisas importantes demais para destruir, dolorosas demais para guardar. Mas temos nossos sótãos e garagens, se necessário — que permitem, com a ajuda de caixas e etiquetas apropriadas, tirar essas coisas de vista e até do coração. Temos que fazer isso. Não fazer isso mina toda a nossa energia.

Documentos importantes que você simplesmente não quer olhar, mas que não devem ser jogados fora, podem ser retirados totalmente de vista ao serem digitalizados. O mesmo vale para documentos pessoais importantes que você tem medo de não encontrar exatamente no momento em que precisa deles. Ufa, não somos felizes por viver na era digital? Bem, nem sempre. Mas num momento como esse, é muito bom.

Pat Perkins, um corretora de imóveis que trabalha numa antiga e adorável cidadezinha, é craque em desapego. Acho que o exemplo dela inspirará você a dar outra olhada em volta e jogar mais algumas coisas fora. "Nossa geração," diz ela, referindo-se àqueles que nasceram no pós-guerra, "tem uma necessidade especial de acumular coisas. Talvez por nossos pais — que passaram por privações na Segunda Guerra — terem sido poupadores, aprendemos com eles que as coisas devem ser valorizadas. Hoje a garotada simplesmente descarta as coisas — se quebrarem, se estiverem gastas, se não forem modernas —, simplesmente joga fora e parte para outra".

Bom, Pat não faz parte da "garotada", mas ela certamente é boa em partir para outra sem olhar para trás. "Nunca tive problemas em trocar de profissão ou jogar coisas fora com a mudança." Ela diz que seu marido, Rod, é o oposto. "Ele ainda guarda uma enorme placa de bronze da fachada de um banco do qual um dia foi presidente. Por quê?" Pat responde: "Acho que é mais difícil para pessoas importantes se desfazerem de suas coisas de trabalho do que para alguém normal como eu, diz ela."

Ela continua: "Para mim, as pessoas que vivem somente das glórias e conquistas do passado são um saco. Não quero ficar ouvindo o quanto você era brilhante no ensino médio ou como você andava trinta quilômetros de bicicleta por dia. Eu quero saber o que você faz da vida hoje. Olhar para trás não me encanta em nada. O que passou, passou. Aprenda com isso e siga em frente."

Entende o que eu quis dizer? Pat está certíssima. Ela sabe o que é importante e o que não é — pelo menos para ela. E se a conhecesse, você ficaria pasmo com seu espírito cheio de brilho, energia e otimismo. Há algo a aprender aqui: quer você seja — ou tenha sido — alguém muito importante ou um zé-ninguém, deixe o que passou para trás. De que outro jeito você terá espaço e energia para se reinventar? "Gosto de mudanças e estou pronta para a próxima grande aventura", diz Pat. "É assim que vejo a vida — como uma série de aventuras." Não surpreende que as pessoas apreciem a companhia dela.

O interessante na observação de Pat é sua visão de que é difícil deixar para trás os objetos antigos do escritório se você for alguém muito importante na empresa. Uma amiga e cliente chamada Martha Gilliland teve que se esforçar para deixar isso para trás. Martha é uma intelectual, uma verdadeira acadêmica, uma cientista. Seu maior sonho era ir o mais longe possível, tornar-se uma cientista respeitada e reitora de uma universidade pública que lideraria uma transformação na experiência educacional dos estudantes. Aos sessenta e poucos anos, percebeu que havia chegado o mais longe que pôde na conquista deste sonho — era uma cientista respeitada, mas não famosa, e uma reitora de universidade respeitada, que havia, na medida do possível, conduzido sua instituição rumo à transformação que vislumbrava.

Então ela decidiu se livrar de todo o material daqueles anos de conquistas e lutas, incluindo muitos dos seus trabalhos científicos e até seus prêmios. Não, ela não os está jogando no lixo; está colocando-os em caixas e classificando-os para seus netos. E no calor do momento, comprou um scanner para digitalizar e organizar todos os seus trabalhos e fotos. Enquanto pesquisava estes documentos, ela disse: "Fiquei chocada, profundamente emocionada, às vezes até paralisada. Era quase como se eu os estivesse vendo pela primeira vez. E pela primeira vez, eu realmente vi o quanto eles eram bons." Martha contou-me que disse em alto e bom som: "Ei, isso é maravilhoso. Como eu fiz isso? Eu era uma baita de uma cientista, não era?" Mas a ideia de deixar para trás seu velho sonho de uma vez por todas aterrorizava-a. "Se não serei aquela pessoa, se não vou ter aquele grande cargo, aquele escritório imenso, aquela fama, quem serei?", perguntou a si mesma. Finalmente, depois de toda a pesquisa e releitura, do processo de encaixotar e escanear, Martha encontrou a resposta. "Serei livre", disse ela.

NÃO COMPUTE

Você fez um upgrade no seu computador recentemente? O que fazer com o velho? Se ainda estiver funcionando, depois de apagar todos os seus arquivos, por que não doá-lo? Há inúmeros projetos sociais que aceitam computadores mais antigos para promover a inclusão digital.

Eddie Brill, um comediante brilhante e um dos animadores do programa de entrevistas do David Letterman, deixa o passado para trás quase todos os dias. "Sabe, não guardo nem os vídeos das minhas melhores performances", diz Eddie. "Quando elas acabam, acabam. Não dou espaço para a nostalgia; vivo o agora." Eddie acredita que sua capacidade de deixar para trás seu trabalho "velho" torna muito mais fácil se conectar com os novos públicos com quem entra em contato. "Eu tenho que entendê-los — saber quem são como indivíduos, do que precisam, o que os torna únicos — se quiser causar algum efeito neles. Não perco tempo me preocupando com o que funcionou ou não no passado. Sá existe o agora." Concordo com Eddie. Com quanto mais coisas você se cerca, principalmente da sua antiga vida profissional, menor será a probabilidade de realmente se conectar com pessoas que são importantes para você. Não há espaço para as duas coisas. Pense nisso na próxima vez que colocar na esquerda aquela pilha de papéis que estava à direita da sua mesa, certo?

Passos para manter o que funciona e eliminar o que não dá certo:

1. Dê uma olhada no seu escritório e observe os bibelôs, quinquilharias, souvenirs, fotografias, coisas penduradas nas paredes — até seu porta-lápis — e pergunte-se se deixam você mal ou te animam. Se for o primeiro, já sabe o que fazer.
2. Considere jogar fora ou guardar seus velhos prêmios de cargos passados. Não temos tempo nem energia para olhar para trás. Já sabemos o que é velho, nosso trabalho é descobrir o novo.
3. As coisas importantes demais para destruir, mas dolorosas demais para guardar devem ser colocadas em caixas etiquetadas

e guardadas no seu sótão, garagem ou quarto dos fundos. Ou você pode digitalizá-los. Mas tire-os da sua vista.

4. Quando terminar de se livrar de todas essas coisas, pergunte--se o seguinte: "Quem eu sou agora?" E responda em claro e bom som: "Sou livre."

Pontuação de coisas jogadas fora da Gail:

3 velhos manuscritos de livros antigos (eles estão digitalizados e tenho livros de verdade!)

Dezenas de cópias de contratos com empresas para workshops, palestras, treinamentos etc. Também já estão todos digitalizados

7 brindes de eventos corporativos divertidos, de bolsas de pano a pesos de papel de plástico

Total: 3 coisas
Total geral: 40 coisas

Sua pontuação de coisas jogadas fora:
Seu total:
Seu total geral:

Capítulo 10 | RESSURGINDO DAS CINZAS

Parece injusto, mas às vezes todas as nossas coisas têm que ser arrancadas de nós para que as deixemos para trás...

David Hoffman é um dos melhores diretores de documentários e teve uma carreira de mais de quarenta anos "gravando histórias" sobre o que ele chama de pessoas "extraordinárias e comuns". Seus filmes — ele tem mais de 125 — já passaram nos principais canais de televisão americanos. Suas histórias mostram não somente pessoas importantes como os ex-presidentes americanos Ronald Reagan e Jimmy Carter e músicos como B.B. King, Joan Baez e Bob Dylan, mas também gente de quem você nunca ouviu falar e, graças a David, nunca vai esquecer.

David mora e tem um estúdio no alto de uma montanha na Califórnia. Um dia, não muito tempo atrás, ele deixou sua casa ao nascer do dia para ir a uma reunião. Por volta de 6h30 da manhã, sua esposa Heidi ligou para seu celular desesperada, contando que sua casa e estúdio estavam pegando fogo. Ela acabara de chamar os bombeiros, pegara seus filhos pequenos e correra para fora da casa para avisar os vizinhos. David voltou correndo a 100 km/h vendo a fumaça no céu sobre a área em que viviam. Cinquenta bombeiros fizeram de tudo para salvar a casa e o estúdio. A casa, ou pelo menos a estrutura dela, sobreviveu, mas o estúdio de David — que guardava tudo o que ele havia criado ao longo de toda a sua carreira e todos os projetos em que trabalhava na época — foram reduzidos a cinzas. Sua videoteca e as filmagens originais de 43 anos de trabalho, seus oito prêmios Emmy, entre outros reconhecimentos, seus documentos de carreira, 17 toneladas de informações que ele havia levado em 12 mudanças, tudo, tudo mesmo, foi perdido, tudo virou cinzas em minutos.

Num primeiro momento, David ficou arrasado. Ele ficou sentado chorando na calçada que ainda ardia e pensou: *Deve ter alguma coisa aqui que eu possa salvar.* Ele, sua filha Jeannie e os vizinhos que assistiam a tudo de longe começaram a cavar. David chamou todos que conhecia para cavar com eles. "Atacamos os restos como loucos," disse David. "Desenterramos milhares de negativos e cópias, todos queimados nas bordas; não dava nem para dizer de que filme eram. Tudo se fora. Toda a história da minha criação e o único legado financeiramente relevante que eu tinha a deixar para minha esposa e três filhos estavam completamente destruídos."

Mas David Hoffman é um otimista. "Sabe, nunca fiz um filme deprimente ou negativo. Produzo filmes sobre a glória da vida, sobre o triunfo. Sobre a grandeza das pessoas. E eu sabia que o que quer que eu fizesse dessa tragédia seria a afirmação criativa que me definiria. Eu tinha uma escolha: poderia optar entre o fim ou continuar em frente. Escolhi seguir em frente."

Este foi um momento realmente definidor: "Decidi que tinha uma nova chance, uma chance de recomeçar, de fazer meu melhor trabalho, uma chance que nunca imaginei que teria. O fogo morre, a fênix surge. Decidi que este poderia ser um período maravilhoso, em que eu poderia criar novos critérios para definir o que era importante na minha vida." E ele estabeleceu um compromisso: "Daqui a um ano, quero poder dizer que, se pudesse, teria escolhido este incêndio."

Então, o que você escolhe? Parar ou seguir em frente? Cercar-se com objetos da sua história ou deleitar-se com as possibilidades do seu futuro? Você decide. Isso é o que eu chamo de maravilhoso.

O único passo para ressurgir das cinzas:

1. Guarde isso: seu melhor trabalho ainda está por vir.

Pontuação de coisas jogadas fora da Gail:

Jogarei fora meu medo de que o futuro não possa ser tão bom quanto o passado.

Total: 1 coisa
Total geral: 41 coisas

Sua pontuação de coisas jogadas fora:
Seu total:
Seu total geral:

Parte Três

Atacando a bagunça mental

Se você acha que consegue separar o lixo material do mental, esqueça!

Certamente você já reparou o quanto o lixo e a bagunça materiais e mentais estão ligados. É difícil jogar fora até algo inocente como um tapete de banheiro velho e gasto sem jogar fora uma determinada visão antiga de si. Sei bem disso. Joguei fora um tapete de banheiro velho recentemente; podia ter deixado ali, ainda dava para usá-lo — como aqueles batons velhos que estão tão no final que a parte de metal arranha seus lábios — e uma parte de mim pensou: *Ei, ele não está completamente detonado, talvez você deva guardá-lo. Afinal, estamos tentando economizar.* Mas ele simplesmente não ficava bem o suficiente — não combinava com a minha ideia de coisas com que devia me cercar, ou, naquele caso, em que devia pisar descalça. Sei que você sabe o que quero dizer. Uma grande amiga minha acredita que não há nenhum objeto ao nosso redor que não possa ser examinado com base na ideia de *como isso faz eu me sentir?* Por exemplo, ela tem uma regra em casa que não permite nenhum cabide de arame. Quando as roupas chegam da lavanderia naqueles cabides, estes são imediatamente jogados fora, ou reciclados e substituídos por outros de madeira ou forrados de tecido. "Cabides de arame são prejudiciais à autoestima", diz minha amiga. "São baratos e fazem *você* se sentir barata, desvalorizada. Recicle-os." Segui seu conselho e minhas filhas também. Todas nos sentimos mais animadas.

Estes são apenas exemplos comuns, cotidianos e inofensivos da inegável conexão entre o lixo material e o mental. Aqui está um exemplo mais impressionante: uma jovem conhecida chamada Kelly recentemente se divorciou e resolveu recomeçar toda a sua vida — numa nova cidade, com um novo emprego, e, se tudo desse certo, um novo grupo de amigos. Ela estava no auge do seu processo de jogar fora cinquenta coisas. Estava indo bem: era fácil jogar fora muitas das coisas que ela e seu ex compartilharam, mas que não a atraíam mais ou simplesmente despertavam sentimentos negativos. Bom, até que ela se deparou com as fotos do seu casamento. E seu vestido de noiva. "O que faço?", perguntou ela. "Esse casamento já era. Ou pelo menos estou tentando superar..." Ela estava esgotada.

O fato era que Kelly estava divorciada, mas não havia de fato superado o fim de seu casamento. Às vezes, ela acordava no meio da noite se perguntando o que fizera de errado, se era tudo culpa dela, se devia ter se esforçado mais para fazer seu casamento funcionar. (Só para constar, tenho calafrios quando alguém me diz que está "se esforçando" para salvar o casamento. Imagino uma mulher na rua com um guindaste, uma equipe de operários e um capacete. Mas é só um pensamento meu.) De qualquer forma, Kelly ficara realmente linda naquele vestido de casamento e o dia do casório fora incrivelmente feliz. Dava para perceber pelas fotos que ela estava muito apaixonada e esperava continuar assim. E continuou, por quatro anos. E poderia ter continuado durante muito mais tempo, se não tivesse percebido que a ideia de integridade — o que é certo e o que é errado — de seu marido Brad era tão diferente da dela que passou a ficar com raiva ou desapontada com ele quase todos os dias.

"Você poderia resumir as crenças pessoais dele da seguinte forma", disse ela: "Se ninguém descobrir, não há mal nenhum. Se todo mundo faz isso, não há mal nenhum. Se dá para ganhar dinheiro ou fama, não há mal nenhum, e se eu puder me dar bem, não há mal nenhum." Evidentemente, ele se envolveu em alguns negócios bem escusos. Ele ganhou um bom dinheiro, não foi pego e ficou muito orgulhoso de si. Na verdade, disse ela, ele se tornou arrogante, ganhou prestígio e ficou esnobe. Kelly disse: "Sei que soa engraçado, mas quando ele me tocava, eu me encolhia toda."

A gota d'água foi quando Kelly descobriu que Brad havia passado a perna num amigo em comum num negócio que haviam feito juntos. Acontece que Brad falsificou o contrato e mentiu sobre os valores reais. O amigo confiara em Brad, e mesmo estando intrigado com o motivo de o negócio não ter rendido tanto quanto ele esperava — além de contar muito com aquele dinheiro para pagar uma dívida —, não questionou Brad e acreditou no que ele disse.

Kelly ficou chocada. Quando questionou Brad, ele ficou com raiva e disse que ela não entendia de negócios. E mandou "esquecer isso". Ela diz: "Fiquei me perguntando: se ele é capaz de fazer uma coisa dessas, o que *mais* ele faria? Será que ele passaria a perna em *mim*? Ele me *trairia*? Eu realmente quero que meus filhos cresçam com a ideia de que vale tudo para se dar bem?" Então ela disse a Brad no dia seguinte que ela não podia continuar aquele casamento. Ele disse "Por mim, tudo bem. Eu não consigo me imaginar casado com alguém tão burra e ingênua."

E lá estávamos com um maravilhoso vestido de noiva e lindas fotos.

— Bem, esse casamento acabou ou não? — perguntei. — Não acho que você deve ter dúvidas quanto a isso.

— Esse vestido foi muito caro — disse Kelly, franzindo a testa.

— Você pode vendê-lo — disse a ela.

— E as fotos? — perguntou.

— Você pode queimá-las ou dá-las para a sua mãe. A decisão é sua. Tem algumas fotos boas da sua família. O que você acha?

Ela respirou fundo e disse:

— Vou queimá-las. Estou cansada do Brad, de me sentir triste e de voltar para um passado que me fez esquecer que sou *boa* pra caramba! *Acabou*! — disse ela.

— *Acabou*! — disse eu.

Felizmente, Kelly tinha uma lareira em casa, então acendemos o fogo e jogamos as fotos. Depois ligamos para um brechó e combinamos de deixar o vestido lá. E acabou.

Que coisas na sua vida "acabaram" — um emprego, um relacionamento, ou talvez apenas uma amizade — mas não de verdade? Quando algo não acaba de verdade, pode nos assombrar, nos puxar para o passado, fazer-nos sentir deslocados, furiosos, amargos, chame do que quiser, mas não é nada bom. Então a questão é: o que temos que deixar para trás para fazer algo realmente acabar? Talvez seja algo material, talvez seja mental, talvez sejam ambos.

O fato é que, até queimar as fotos e se livrar do vestido, alguns vestígios de seu casamento fracassado ainda assombravam Kelly. Ela ainda se sentia mal; ainda sentia que talvez devesse ter se empenhado mais no relacionamento e que assim poderia ter mudado Brad. A palavra que inventei na infância para besteiras vem a minha cabeça outra vez. "Bobagem", diria alguém mais refinado. Simplesmente não é verdade. Era hora de Kelly se livrar do arrependimento, da raiva e do sentimento de fraqueza para poder seguir em frente e criar uma nova visão para sua melhor e mais nova fase da vida.

E isso nos leva à próxima parte do grande processo de limpeza: juntar e jogar fora o lixo mental. Então, nos próximos capítulos, daremos uma olhada em alguns velhos hábitos e crenças em que nos apoiamos por anos a fio, talvez há décadas, e que nos desaceleram — ou, em alguns casos, nos paralisam. **Quando jogamos fora o lixo material, limpamos nossas mentes. Quando jogamos fora o lixo mental, lavamos nossas almas**. E precisamos dessas duas partes vitais do nosso ser funcionando bem enquanto nos encaminhamos para a próxima — e melhor — fase de nossas vidas. Então prepare-se para a verdadeira Grande Limpeza.

Vamos rever as regras do desapego e aplicá-la para nos livrar do lixo mental:

Um: Se isso — a crença ou convicção, memória, modo de pensar ou até a pessoa — é um peso para você, te deixa imobilizado ou simplesmente faz com que você se sinta mal consigo mesmo, jogue fora, deixe para trás, siga em frente.

Dois: Se isso (veja acima!) simplesmente fica ali, ocupando seu precioso espaço mental, entupindo suas artérias emocionais e não acrescenta nada de positivo para sua vida, jogue fora, deixe para trás, siga em frente. Se não está caminhando para frente, está andando para trás. Jogar fora o que é negativo ajuda a redescobrir (e arranjar espaço para) o que é positivo.

Três: Não dificulte a decisão de se livrar ou não de alguma coisa. Se tiver que pesar os prós e contras por muito tempo ou ficar angustiado pensando sobre o que é certo fazer, jogue fora.

E lembre-se: Não tenha medo. Estamos falando da sua vida. A única que você tem de verdade. Você não tem tempo para gastar com lixo material ou psicológico.

Peque seu caderninho e caneta, porque agora é ainda mais importante escrever o que você está deixando para trás. Você pode não ter um saco de lixo para jogar suas velhas convicções. Elas podem não interessar às obras de caridade e não atrair muita gente num leilão, mas *para você, o valor* de deixá-las para trás não tem preço. O ponto é o seguinte: podemos pesar os prós e os contras de guardar ou não velhos tapetes, luminárias e porcelanas para nossos filhos, mas quando o assunto são nossas velhas convicções negativas, nossos medos, nossos arrependimentos... Convenhamos: nós realmente queremos passar isso para as pessoas que mais amamos? Realmente passamos adiante nossos modelos, não é? E que bazar teria uma mesinha com um cartaz dizendo: “Velhas inseguranças, medos, erros e arrependimentos à venda — 50% de desconto. É pegar ou largar!”. Provavelmente, não muitos. Mesmo não sendo uma má ideia, se você pensar bem. Porque se você escrever essas coisas e desistir delas, então elas acabaram. Que tal fazer um bazar (veja as dicas de Sally Carr no capítulo 7) com papel, lápis, uma grande urna e convidar as pessoas a escrever e jogar fora todas as suas porcarias mentais? Você pode fazer uma fogueirinha ao fim do evento com todos os papeizinhos e comemorar o despejo do lixo mental e emocional da vida de todos. O que você acha? Isso pode tornar seu bazar o evento mais falado — e importante — da temporada. Funcionou para Kelly.

Escute: a boa notícia é que cada lixo mental conta como um item. Se jogar fora 15, são 15 mesmo na lista. Não há coisas repetidas para se preocupar. Vamos lá!

Capítulo 11

DEIXANDO PARA TRÁS O SENTIMENTO DE SER INADEQUADO, IRRELEVANTE OU SIMPLESMENTE DE NÃO SER BOM O SUFICIENTE

ESTE É UM PONTO REALMENTE bom para começar o processo de limpeza mental, porque quem de nós nunca se sentiu, ao menos uma vez (talvez agora), que não era bom o bastante? Posso garantir que, sem exceção, entre todos com quem trabalhei — de desabrigadas a presidentes de empresas, de universitários a reitores, de ricaços àqueles que batalham sem parar para tentar pagar as contas —, que não há uma pessoa sequer que nunca tenha se sentido assim.

Isso surpreende você? Achava que era o único a se perguntar como conseguiu chegar aonde está? E como você poderia ir mais longe? Bem-vindo a um maravilhoso mundo de pessoas incríveis. Na verdade, eu chego ao ponto de dizer que as melhores pessoas que conheço — e defino como *melhores* aqueles que, como você, querem fazer a diferença no mundo e levar o melhor de si para um futuro que eles mesmos planejaram — sentem-se inacreditavelmente inadequadas vez ou outra a cada mês, semana ou até dia.

Bem, vamos mudar tudo isso. Você, eu, qualquer um de nós é tão melhor, tão mais poderoso, tão mais necessário ao funcionamento do mundo do que imaginamos. Sabe aquele negócio de que "ninguém é insubstituível?". Bem, eu acredito que ninguém é substituível. Quando nos permitimos ser nós mesmos, somos todos vitais para o resultado positivo de qualquer coisa com que nos envolvermos. Por que simplesmente não percebemos este fato sobre nós mesmos? Aliás, os outros nunca vão perceber isso em nós se nós não percebermos. É engraçado como isso funciona.

Você já disse a si mesmo: *Se eu não sei tudo, então não sei o bastante?* Há uma grande diferença entre não saber tudo e não saber o bastante, não é? Poucas pessoas já deram uma resposta tão clara a essa pergunta quanto um cara muito inteligente chamado Albert Einstein. Você imagina o que seria da Física se Einstein tivesse decidido que, como não poderia saber tudo, não faria sentido tentar saber nada? Havia habilidades em que Einstein era absolutamente brilhante: enxergar novos padrões, ligar os pontos de coisas totalmente díspares de forma racional e funcional, formando um todo. E também havia outras coisas de que ele não fazia nem ideia. Reza a lenda de que quando ele pegava um ônibus, simplesmente dava um monte de moedas para o motorista e dizia a ele para pegar o valor da tarifa, porque ele não sabia.

Tudo bem, eu não sou o Einstein (ei, posso até *ser* de algumas formas, como ter certeza?), mas consigo pagar a passagem de ônibus. Mas a questão é a seguinte: ele se concentrava no que *conseguia* fazer e tirava energia disso. Ele não permitia que sua energia fosse minada pelo que ele não conseguia fazer, não sabia — ou pelo que simplesmente era difícil ou desinteressante para ele. Muitos de nós não fazem isso. Focamos não no que podemos fazer, mas no que não temos. Não surpreende que nos sintamos derrotados. Não faça isso. É um desperdício de energia absurdo, para não dizer um desperdício de recursos mentais valiosos que poderiam ser aplicados para criar a próxima Teoria da Relatividade. Então, quando aquela voz soprar no seu ouvido: *eu não sei o suficiente pra contribuir*, faça ela se calar... jogue-a fora.

Vou contar uma história que pode tornar isso mais claro para você. Eu tive uma colega de escola, um amor de menina, que era extraordinariamente criativa. Ela se chamava Olivia e era a pessoa mais musical que já conheci. Olivia não era apenas uma pianista talentosa, ela também sabia compor. Era uma grande artista. Seus desenhos e pinturas eram especiais. Para mim, que não conhecia bem pintura, lembravam os impressionistas franceses. A mãe de Olivia orgulhava-se dos talentos da filha, mas num momento que poderia oferecer uma crítica construtiva, ela disse, ao ver uma das pinturas: "É linda, querida, mas você nunca vai ser Monet."

Olivia aposentou os pincéis e não os pegou novamente durante décadas. Ela concluiu que se não pudesse ser tão boa quanto Monet, não fazia sentido pintar. Na época, ela não pensou que poderia ser outro tipo de pintora, que poderia desenvolver seu próprio estilo, quem sabe até seu próprio movimento. E também não pensou que mesmo se seus trabalhos nunca fossem parar no museu do Louvre, podiam trazer-lhe a alegria de pintá-los — e talvez outras pessoas pudessem experimentar a alegria ao admirá-los.

Felizmente, Olivia amadureceu e, no fim das contas, percebeu que ser "boa o suficiente" era um conceito totalmente sem sentido e irrelevante. "Boa o suficiente para quê?", foi a pergunta decisiva. "Para quem?" Para a aprovação da sua mãe? Se a maioria das pessoas esperasse por este último selo de aprovação antes de dar o próximo passo na vida, estaríamos parados diante do portão enquanto a vida passa. Livre-se da expressão *tão bom quanto*. Jogue-a fora. E enquanto fazemos isso, vamos deixar para trás a tendência contínua e sufocante que todos temos de nos comparar às outras pessoas. Você sabe o que quero dizer.

Há pouco tempo, Jim e eu estávamos voltando de uma festa e eu perguntei:

— Eu estava bonita?

— Linda — disse ele.

— Não, quero saber a verdade —, e continuei: — A Karen parecia mais nova? Ela tem braços lindos. É sério. Eu estava bonita?

Como você já deve ter percebido, Jim é um cara incrivelmente paciente, para não dizer resignado, que vive cercado de mulheres. Até a cadela, Willa, precisa que afirmem constantemente que é uma boa menina. Então ele suspirou e respondeu:

— É verdade, você estava maravilhosa. Especialmente seus braços. Juro.

É ridículo, não é? Essa mania de comparação tem que ir embora. Começamos a nos comparar desde crianças — e geralmente ficamos em desvantagem neste processo. Lembro de voltar de uma festinha quando eu era pequena e ouvir minha avó dizendo:

— Bem, você viu alguém que achou melhor do que você?

— Sim. A Margaret é mais inteligente, a Ina é mais bonita e a Suzy é mais alta — respondi, do alto dos meus 12 anos.

Minha avó disse que estava brincando e que aquela pergunta era apenas uma velha expressão irlandesa e não devia ser levada a sério.

— Ah — disse eu —, mas elas são, de qualquer forma.

Quando foi a última vez em que você caiu na armadilha das comparações? Semana passada? Ontem? Este hábito é exaustivo e merece ir para a lista de coisas jogadas fora. Escreva isso lá agora mesmo. Esta é uma das coisas nas quais teremos que nos concentrar todos os dias se desejamos superá-la. Há sempre muitas oportunidades de nos compararmos negativamente. Quase todas as revistas que lemos, quase todo comercial que vemos nos convidam a checar como somos em relação a outra pessoa — em termos financeiros, de educação, saúde; comparamos nossos corpos, casas, filhos, até nossas férias, a comida que servimos, as roupas que vestimos e os carros que dirigimos. Não é surpresa que a gente caia nessa. Mas isso tem que parar. E hoje é o dia de parar.

Pense nisto todos os dias ao acordar: ***não vou me comparar aos outros, nem eles a mim. Gostarei de mim e dos outros por conta de nossas contribuições.***

A questão não é se eu sou ou não Einstein, Monet ou a Victoria Beckham. A questão é que estou vivendo agora e eu tenho dons e tempo preciosos para dar aos outros. Então vou dar a eles agora. E ponto.

Você está pensando neste exato momento em algo que poderia ser extremamente difícil de abandonar? Eu estou — e preciso tirar esse peso do meu peito.

No capítulo 7, contei sobre meu irmão Jay, sobre como foi desembrulhar suas maravilhosas pinturas que ficaram anos guardadas na minha garagem. Como você deve lembrar, eu e minha família perdemos Jay, piloto da Marinha, quando seu avião caiu no Mediterrâneo. Eu estava no último ano da faculdade, e ele tinha 24 anos. Nossa família era incrivelmente unida, e Jay não era apenas meu herói, era também meu melhor amigo. Eu daria minha vida por ele... e por muito tempo me revoltei por não poder fazer isso. Eu achava que se por alguma razão alguém tivesse que morrer, seria e deveria ser eu. Não é que eu me desvalorizasse, é que eu valorizava muito Jay. Não é que eu ache que não contribuo para o mundo, simplesmente sempre achei que as contribuições dele seriam muito maiores. E neste exato momento, enquanto escrevo este capítulo, penso que preciso deixar de comparar quem eu sou com quem meu irmão poderia ter sido. E que finalmente preciso, depois de tantas décadas, perder a raiva que sinto por não poder ter dado minha vida para salvar a dele. Vai ser difícil. Mas está na hora de fazer isso. E vou fazer.

Se você tiver algum velho pensamento que ainda o assombra, ainda é um peso e põe você para baixo, está na hora de deixá-lo para trás. E você consegue. Conseguiremos isso juntos.

Passos para ajudar você a se livrar de comparações negativas desnecessárias e acabar com pensamentos que o enfraquecem:

1. Esqueça a frase "Ninguém é insubstituível." Ninguém é substituível. Todos têm o seu valor. Qualquer contribuição que você dê é válida. Dê o que puder sempre que tiver a oportunidade.
2. Livre-se da ideia de que você tem de saber ou ser bom em tudo. Celebre o que você já sabe. Aproveite o que você sabe fazer. Lembre-se do exemplo de Albert Einstein.
3. Não caia na armadilha de achar que tem de realizar atos grandiosos para fazer a diferença. Algumas das contribuições mais significativas ao mundo — ou a sua cidade — foram feitas por pessoas que nunca tiveram um quadro exposto no museu do Louvre, nunca apareceram na televisão e nunca deram entrevistas.
4. Não se compare aos outros. É infantil e sem sentido. Seja você e deixe os outros serem quem são. Fique feliz pela felicidade ou pela sorte de outras pessoas, e assim elas ficarão felizes por você. E, acima de tudo, fique feliz por estar aqui agora e por ter a oportunidade de oferecer seus dons especiais ao mundo.

Pontuação de coisas jogadas fora da Gail:

Vou parar de comparar as minhas contribuições para o mundo às contribuições que meu irmão poderia ter dado se estivesse vivo.

Total: 1 coisa
Total geral: 42 coisas

Sua pontuação de coisas jogadas fora:
Seu total:
Seu total geral:

Capítulo 12

DEIXANDO PARA TRÁS O TIPO DE PESSOA QUE VOCÊ ACHA QUE É — OU NÃO É

Eu ficaria pobre se desse uma moedinha para cada pessoa que já me disse que não leva jeito para fazer algo que ela quer ou agir da forma que gostaria. Por exemplo, você já se pegou dizendo algo assim: "Não sou do tipo que vai até alguém e se apresenta. Sou tímido. Sempre fui." Todos nós dizemos coisas assim com a mais absoluta convicção — como se rezássemos a Bíblia — de que é assim que as coisas são e não há como mudá-las. "Não tem jeito" é a frase que ouvimos quase todos os dias.

Bem, não sei se não tem jeito mesmo. Existe um filme antigo chamado *Becket, o favorito do rei* no qual o ator Richard Burton interpreta Thomas à Becket, o arcebispo de Canterbury, que foi assassinado e depois canonizado durante o regime de Henrique II, rei da Inglaterra. Henrique II é interpretado por um dos meus atores prediletos, Peter O'Toole. Há uma cena impressionante numa praia, em que Thomas e o rei se encontram montados a cavalo para aquela que seria sua última conversa. Henrique II explica por que o regime da Coroa é soberano e inquestionável em todas as coisas — incluindo aquelas relacionadas à Igreja da Inglaterra e a todas as questões religiosas em geral.

— Você não percebe, Thomas? — pergunta o rei. — Está escrito.

E Thomas responde:

— Não, não está escrito até estar escrito *aqui*. — responde Thomas, apontando para sua cabeça para mostrar o que queria dizer. Para mim, este é o ponto alto do filme. Deixa clara de forma brilhante a diferença fundamental e irreconciliável entre os dois homens. Um acredita que "as coisas são como são"; o outro acredita que cada um decide como as coisas serão. Eu estou com Thomas. Acredito que a qualquer momento podemos decidir quem somos, o que defendemos, do que somos capazes, e que tipo de pessoa somos. E isso significa que a qualquer momento podemos jogar fora o velho modelo se não funcionar mais para nós.

Mas o fato é: nos enquadramos em um determinado modelo quando somos muito jovens. Ou alguém nos enquadra.

Minha mãe, que me deu alguns dos melhores e mais corajosos conselhos do mundo, também me enquadrou num tipo, numa caixinha com a etiqueta de DESORGANIZADA, não foi? Isso não a torna menos espetacular e sábia como mãe, apenas a torna humana. A mania de rotularmos as pessoas é um perigo que está sempre presente para todos nós, pode acreditar. Fazemos isso com nós mesmos e com nossos filhos. Outro dia me peguei dizendo a Abigail que ela era do "tipo criativo". Ser criativo é uma coisa boa, certo? E ela definitivamente é criativa. Mas não pertence a um tipo. E ao tipificá-la, eu posso ter-lhe passado a impressão de que acho que ela não *é* outras coisas — como ativa, lógica, prática, e, bem, organizada. E isso não é verdade. Mas se ela deduzisse e acreditasse naquilo, pareceria verdade para ela. (Não se preocupe, ela não acha isso. Na maioria das vezes, ela é cética em relação ao que eu digo e sua alma otimista geralmente dá o melhor sentido as minhas falas. Mesmo assim, é bom ter cuidado com o que falamos.)

Mas aposto que se eu perguntasse agora de que tipo você é, você responderia facilmente. Tudo bem, estou perguntando isso. E consigo ouvi-lo responder: "sou o tipo criativo", "sou do tipo sensível", "sou do tipo ruim em matemática" ou "não sou do tipo atlético". Ou como uma mulher chamada Peg declarou recentemente:

— Gail, não sou do tipo matinal. Detesto levantar cedo e só começo a funcionar direito à tarde.

Bem, ela arranjou um problema no trabalho, como você pode imaginar, porque seu chefe era do tipo matinal e não encarava bem o fato de Peg chegar tarde todo dia.

— Então, quando você descobriu que não era do tipo matinal? — perguntei. — Ah, eu sempre soube — respondeu Peg.

— Bem, hoje vamos construir um novo tipo para você, Peg — disse eu. Hoje vamos decidir — como eu amo esta palavra, *decidir*! — que você é do tipo cheio de energia, que adora acordar cedo. Hoje declaramos que você é o tipo que quiser ser, que você é a única que pode decidir isso e que *nada está escrito até você escrever*. Entendeu?

— Hum... — disse Peg —, mas e a minha tendência a não ser... bem, muito esperta e cheia de energia de manhã?

Desculpe, mas você não é mais deste tipo. Acabou. Não funciona para nós, estamos nos livrando dele — respondi.

Isso soa apenas como um desejo distante para você? Bom, não é. Na verdade, Peg assumiu seu novo tipo e encarnou-o perfeitamente. Meu pai sempre me disse para "agir do jeito que você quer se sentir". Foi o que Peg fez e... surpresa! Tornou-se uma mulher matinal.

Não estou dizendo que Peg não teve dificuldade em deixar para trás seu tipo. Ela teve. Definitivamente é difícil romper com velhos hábitos mentais. (Você sabe que quando abro meu armário e vejo que ele está todo bagunçado, tenho que lutar contra o pensamento de "Está vendo, Gail, você nunca vai ser tão organizada quanto a sua mãe" e em vez disso simplesmente começo a arrumar as coisas.) Mas Peg sentiu-se cheia de energia quando percebeu que não era mais refém de um personagem que interpretara durante anos; que ela podia, a qualquer momento, interpretar um novo. E ela rapidamente aprendeu que, se entrasse em seu personagem, com convicção, convenceria a si e aos outros que estava sendo verdadeira.

Vamos falar um pouco sobre convicção e personagens. Conheci uma jovem chamada Teri que fazia faculdade de teatro. Em uma das aulas, o professor pediu que escolhesse um monólogo de uma peça de Shakespeare e a apresentasse para a turma. Ela escolheu a cena final de *Romeu e Julieta*. Acontece que um diretor dificilmente escolheria Teri para interpretar Julieta. Ele provavelmente pensaria que ela não se encaixaria no tipo. Ela era baixinha, meio gordinha e não tinha nenhum traço de beleza clássica. Mas Teri tinha algo muito mais importante que essas características físicas: ela tinha convicção. Ela acreditava, sem sombra de dúvida, que ela *era* Julieta. Ela se via bonita, desejável, inocente e totalmente merecedora da adoração de Romeu. E ela atuou de acordo com essa ideia. Teri impressionou e emocionou a turma. E quando terminou, foi aplaudida de pé. É isso que ela tem a nos ensinar: *Não existe um único jeito. Só existe o jeito que você diz que é.* E se você disser isso e agir conforme acredita de coração, o público — qualquer público — vai acreditar que você é realmente aquele personagem. Inclusive o público mais exigente, aquele de uma única pessoa: você.

Se escolhermos, podemos jogar fora agora mesmo nosso velho personagem e criar um totalmente novo. Está em nossas mãos a capacidade de nos reinventar, adotando um tipo que nos serve e deixando de lado um que nos sabota. Só temos que alcançar esta capacidade, agarrá-la e usá-la. Você deve estar pensando: *Tudo bem, Gail, em primeiro lugar, não sou ator e além do mais, sou desse jeito há anos e não vai ser uma aulinha de teatro que vai mudar isso. Dá um tempo.* Eu entendo seu sentimento. Mas eu discordo. Sei que se você agir de acordo com o quer sentir, no fim das contas vai se sentir da forma que quis — e o mais importante, *ser* dessa forma. Vou contar uma história que prova isso.

Alguns anos atrás, dei uma palestra para um grupo de mulheres que viviam num abrigo nos arredores de Nova York. Todas estavam na faixa dos vinte anos, muitas tinham filhos e as que eram casadas mal viam os maridos, porque estavam presos. Elas estavam desempregadas, não tinham esperanças e acreditavam que as coisas eram daquele jeito *nessa* vida, de qualquer forma. Uma das participantes, Serena, era especialmente mal-humorada e cheia de raiva. Ela ficava largada na cadeira, se recusava a olhar os palestrantes e não falava nada. Vestia roupas masculinas e um gorro puxado para baixo que quase cobria seus olhos. Serena, como quase todas as mulheres na palestra, fora vítima de violência física e abuso contínuos.

No segundo dia de palestras, a maioria das mulheres havia se soltado um pouco e começado a falar em voz alta e até mesmo a conversar umas com as outras — algo que elas sequer faziam no abrigo. No fim das contas, Serena também começou a participar das conversas. Começamos a falar da necessidade de se defender, de se recusar a aceitar que a violência era parte do cotidiano. E Serena disse:

— Você não entende, Gail. *Eu sou o tipo de pessoa que é desrespeitada*. Se eu estivesse com outro homem, ele também bateria em mim. É assim que funciona comigo. E vai ser sempre assim.

Ela não estava sozinha nesta convicção. A maioria das mulheres concordou com ela. Era assim e ponto.

— Quem disse? — perguntei. — Onde está escrito que é assim? Na Bíblia? Num livro que vocês leram na escola? Na Constituição? Onde? Me mostrem!

Bem, como você pode imaginar, foi preciso que elas conversassem muito mais, mergulhassem fundo em suas almas e chorassem para essas mulheres maravilhosas se libertarem do bloco de mármore de suas vidas; para se livrarem da resignação e descobrirem que poderiam criar uma realidade diferente para si mesmas. E para Serena, as conversas geraram nada menos que um milagre. Ao fim das palestras, ela redefiniu seu tipo. Ela passou do tipo de mulher agredida pelos homens para uma mulher forte, corajosa e poderosa... uma mulher que decidiu e definiu sua vida de acordo com suas próprias convicções. E uma mulher, declarou ela, que estaria fora do abrigo, empregada e cuidando dos filhos e de si dentro de seis meses. Quando Serena declarou isso às participantes do workshop, levantou-se, tirou o gorro, olhou direto nos olhos das pessoas e falou alto e claro. Todas caíram em lágrimas.

Cinco meses depois, o telefone do meu escritório tocou. Uma voz de mulher disse:

— Você não me conhece, sra. Blanke, mas há uma mulher chamada Serena no meu escritório agora, acabei de contratá-la. Ela disse que eu precisava ligar para você e dizer que ela cumpriu a promessa que fez a você um mês antes do planejado.

— A promessa era para ela mesma, na verdade — disse eu. — Eu sabia que ela ia conseguir.

Algumas semanas depois, Serena fez uma visita-surpresa ao meu escritório. Ela usava um lindo vestido, tinha um belo penteado e estava com a postura ereta — e sorrindo. *Esta é a imagem do orgulho*, pensei. Todos no escritório a aplaudiram de pé.

Se Serena pode se reinventar, imagine o que você pode fazer. **Então, livre-se do velho tipo — jogue-o fora de uma vez por todas, está bem? Você pode se reinventar a qualquer momento. Somente você pode decidir e definir quem você é, no que você é bom e até a imagem que os outros terão de você.**

NÃO É O SEU TIPO?

Aqui está uma lista de tipos que as pessoas me dizem que são ou não são. Dê uma olhada e pergunte-se se caiu num desses tipos-armadilha. Você também pode adicionar alguns outros à lista. Então, decida de quais você vai se livrar. O ideal é que você adicione pelo menos duas ou três coisas daqui a sua lista de lixo mental, ou talvez mais. Mete bronca!

- Não sou o tipo agressivo
- Não sou o tipo vendedor

- Não sou o tipo executivo
- Não sou o tipo empreendedor
- Não sou o tipo político
- Não sou o tipo ativo
- Não sou o tipo criativo
- Não sou o tipo que levanta e fala na frente das pessoas (90% dos meus clientes dizem isso)
- Não sou o tipo esportivo
- Não sou o tipo que usa meia arrastão (alguém me disse isso ontem)
- Sou o tipo tímido
- Sou o tipo sensível
- Sou o tipo cauteloso
- Sou o tipo que não consegue perder peso
- Sou o tipo que não consegue parar de fumar
- Sou o tipo sério
- Sou o tipo que não gosta de competir
- Sou o tipo bobo
- Sou o tipo lento
- Sou o tipo que sempre vê o lado ruim
- Sou o tipo que se autossabota (ouço isso pelo menos uma vez por semana)

Passos para se livrar do tipo de pessoa que você acha que é — ou não é:

1. Faça uma lista dos vários tipos que você acha que é; tipos que você ou outra pessoa inventaram, que te incomodam de algum jeito e que você aceitou como verdade. Coisas como: ela é do tipo que não consegue calar a boca, ou ele é do tipo que é ruim em matemática ou do tipo que sempre vê o lado ruim. Risque cada uma dessas frases e depois as escreva na sua lista de lixo mental.
2. Escreva alguns tipos que você gostaria de ser; tipos como confiante, charmoso ou determinado. Aja como se fosse um desses tipos.
3. Invente histórias sobre você que agradem você ou "enfeite" histórias de que você goste que foram inventadas por outra pessoa. Pense em você como se fosse essa pessoa. Na verdade, você *é* essa pessoa.
4. Lembre-se, nada está escrito até você escrever.

Pontuação de coisas jogadas fora da Gail:

Vou parar de achar que sou do tipo desorganizada.

Total: 1 coisa
Total geral: 43 coisas

Sua pontuação de coisas jogadas fora:
Seu total:
Seu total geral:

Capítulo 13 DEIXANDO PARA TRÁS OS ARREPENDIMENTOS E ERROS DO PASSADO

QUANDO PERGUNTARAM AO ATOR AMERICANO Jimmy Durante se ele tinha algum arrependimento, ele respondeu, bem-humorado: "Milhões. Mas felizmente não consigo lembrar de nenhum deles."

Todos deveríamos ter a mesma sorte. Mas na maioria dos casos, não é das boas coisas que lembramos. Concentramo-nos nos arrependimentos, nas coisas que gostaríamos de ter feito diferente, nos supostos erros que cometemos. Na verdade, não apenas nos concentramos neles; acordamos no meio da noite remoendo-os; nós os engrandecemos, pintamo-os com cores vivas numa tela de alta definição e eles gritam conosco com a determinação e entusiasmo de um lançador de discos nas olimpíadas.

Será que eu sou a única que faz isso? Não, não pode ser. Se eu fosse, nossa civilização teria ido muito mais longe. Teríamos acabado com a fome no mundo, estabelecido a paz mundial e descoberto as outras formas de vida no espaço que tanto andamos procurando. Mas é difícil sermos brilhantes, ou só mesmo inteligentes, para não dizer totalmente engajados numa busca válida e gratificante, quando ficamos paralisados pelas memórias de todas as nossas burradas anteriores.

Recentemente, conheci uma mulher chamada Heidi e ela me contou que sempre teve tanto medo de errar que em toda a vida e carreira só tentara fazer coisas que ela tinha certeza que conseguiria. "Então você pode imaginar o quanto minhas experiências foram limitadas até agora", disse ela, com uma risada seca. Acho que você poderia dizer que Heidi também é sortuda, porque, mais ou menos como Jimmy Durante (mas por razões diferentes), ela não tem grandes erros de que se arrepender. Por outro lado, ela também não tem nenhum grande sucesso. Na verdade, ela tem um arrependimento: não ter se esforçado mais, não ter tido (ao menos até agora) a emoção de arriscar tudo por alguma coisa, ou até por alguém por quem fosse apaixonada. Mas não se preocupem: eu e Heidi estamos mudando essa situação. Decidimos que ela vai parar com isso; que vai se livrar da necessidade de ter certeza de que será bem-sucedida; que vai tentar coisas novas e se arriscar mais. Na verdade, ela tem o compromisso de trazer para mim uma lista de fracassos e erros dentro de seis meses. E garanto que, além dessa lista, ela terá sucessos maravilhosos para contar também.

A questão é: você não pode alcançar um grande sucesso se não aceitar a possibilidade de um grande fracasso. Os dois caminham de mãos dadas. Todos sabemos disso. Então por que ficamos tão chateados quando fazemos besteira? Acho que há duas razões. Um: todos temos a ideia resistente de que temos que ser perfeitos, sem erros, acima de qualquer crítica ou reprovação. Dois: todos levamos nossos fracassos e erros para o lado pessoal.

Bom, nem todo mundo. Michael Jordan, o famoso jogador de basquete, não faz isso: "Já perdi mais de nove mil cestas em toda a minha carreira", diz ele. "Já perdi quase trezentos jogos. Em 26 ocasiões, fui o responsável pelo lance que daria a vitória ao time... e perdi. E errei várias e várias vezes na vida. E é por isso que... sou bem-sucedido." É bom lembrar disso, não é?

Sabe quantas vezes a cientista Marie Curie, vencedora de três prêmios Nobel em Física e Química, tentou transformar uranimita em rádio e não conseguiu? Centenas de vezes. Ela filtrou uma tonelada de uranimita até conseguir destilar uma pequena quantidade de urânio. Ela ficou inconsolável em alguns momentos? Provavelmente. Em algum momento ela *se* considerou um fracasso? Duvido. Ela simplesmente seguiu em frente, continuou tentando, continuou acreditando. E no fim das contas, conseguiu.

E você imagina quantas vezes o grande ator e dançarino Fred Astaire ouviu um "Não!" depois de testes para papéis no cinema? Milhões de vezes, é claro. Esta é uma palavra difícil de não levar para o lado pessoal. Há uma história que diz que uma produtora de elenco, depois de ver o teste de Fred Astaire, anotou: "Não sabe cantar; dança um pouco". Nossa! Mas ele seguiu em frente — continuou cantando e dançando. Deve ter sido muito difícil entrar no palco quando tantas pessoas haviam dito que seu talento era no máximo medíocre. Ele também devia ter muita paixão pela arte. A paixão por fazer algo, paixão pelo resultado final — independentemente de qual será — pode fazer você superar até os momentos mais desestimulantes.

Todos cometemos erros. Todos temos aqueles momentos (ou horas) no meio da noite em que nos castigamos por não ter feito melhor, por não ter previsto, por não termos tentado mais, por não termos nos defendido — ou não termos ficado calados, se for o caso. Por não termos sido perfeitos.

Mas o perfeccionismo, assim como o martírio, é superestimado. Observe as pessoas de quem você mais gosta, mais respeita ou simplesmente gosta da companhia. Elas são perfeitas? Duvido. Aposto que são pessoas cheias de defeitos e maravilhosas que tocaram seu coração porque tiveram decepções na vida e deram a volta por cima. Mesmo aqueles que cometeram sérios erros de julgamento podem reconquistar nosso respeito — e até mesmo nosso perdão. Talvez até nosso amor.

Conheço um homem chamado Jack, que não apenas foi demitido, como posto para fora da empresa pelos seguranças por ter recebido propinas de um dos fornecedores da firma. O incidente não se tornou exatamente público, mas a história circulou entre as pessoas da área de Jack e mesmo entre seus amigos. Jack ficou arrasado. Achava que ele e sua reputação haviam sido arruinados. Eu o conheci cerca de nove meses depois do incidente, e ele ainda estava perturbado.

— Não sei o que eu estava pensando quando fiz aquilo — disse-me ele. — Acho que eu simplesmente *não* estava pensando.

Preciso dizer que Jack não era o tipo de cara que você imaginaria que mentisse, roubasse ou traísse, mesmo se tratando de algo muito pequeno. Todos os seus negócios e acordos pessoais sempre foram transparentes e acima de qualquer suspeita. "Ele nunca burlou o imposto de renda", contou-me sua esposa, Vicki. "Ele até foi chefe dos escoteiros nos tempos de escola." Como alguém tão bom pode se envolver neste tipo de problema? A resposta é: facilmente.

Eis o que aconteceu: Jack era o responsável por organizar viagens-prêmio para os altos executivos da empresa e todo dia lidava com agências de viagem especializadas em conseguir passagens mais baratas e hotéis mais luxuosos. O orçamento de Jack para estas viagens girava na casa de centenas de milhares de dólares. O dono de uma das agências com que Jack trabalhava há anos sugeriu que ele e Vicki acompanhassem ele e a sua esposa em um safári na África, em que a agência estaria analisando lugares para a futura viagem de outro cliente. O custo da viagem (uns 15 mil dólares) seria coberto pela agência, porque eles eram bons amigos. Jack aceitou a oferta e os dois casais fizeram a viagem de suas vidas — e as fotos provam isso. Jack e sua esposa até voltaram a ficar mais próximos, como no início do casamento, graças à experiência que compartilharam.

— Sabe, no fundo eu sabia que aquilo não estava certo — disse Jack —, mas também não parecia assim tão errado. "Acho que não parecia algo grave na época." Jack estava quase chorando. Quantos de nós já não fizemos algo que, no fundo, sabíamos que não era certo? E que, de alguma forma, não parecia tão grave naquele momento? Sério, se você pensar, a maioria das pessoas já fez uma coisinha (ou algo não tão pequeno) que sabíamos que não era muito correto. E como minha avó adorava dizer: "É fácil se meter em problemas; o difícil é sair deles."

— Tudo bem, olha só: — disse eu — não importa o que possa parecer no momento, mas isso não é o fim do mundo. Você errou? Com certeza. Você machucou alguém? Não, graças a Deus. O erro é incorrigível? Não. O que vamos fazer é o seguinte: vamos jogar fora 50 coisas.

Bem, você pode imaginar a reação de Jack.

— Desculpe, Gail, mas como isso vai me ajudar? — perguntou ele.

—Você vai ver — respondi.

Pedi a Jack para entrar em todos os cômodos de sua casa e jogar fora tudo o que achasse que não servia mais a ele, seguindo à risca as regras do desapego sobre as quais falamos na introdução.

Jack, como o bom escoteiro que era, dedicou-se seriamente à tarefa. Surpreendeu-se com todo o lixo material que acumulara durante os últimos anos. Ele estivera tão ocupado trabalhando que não tivera tempo de se livrar de roupas que não usava há dez anos, livros e CDs de que não gostava mais, e até um vidro de loção pós-barba que o lembrava do dia em que fora demitido. Aquele dia fora a última vez em que usara o produto. Enquanto ele mexia em suas coisas, deparou-se com uma pasta cheia de fotos dele e de Vicki no safári. Parecia que fora a última vez em que foram felizes. Ele me disse que segurou as lágrimas quando chamou a esposa para vê-las.

— Bom, não vamos jogar isto fora — disse ele, abraçando-a. — Na verdade, vou sair agora para comprar porta-retratos. Foi uma viagem maravilhosa.

Aquele foi o ponto que definiu a mudança de Jack. Ao decidir guardar as fotos e celebrar a maravilhosa viagem que ele e Vicki aproveitaram juntos, Jack pôde começar a se livrar da culpa que sentia há quase um ano pelo erro que cometeu. E ao se livrar da culpa, ele poderia deixar para trás o que aconteceu. Ah, ele não se perdoou completamente. Ele não tinha dúvidas de que deveria ter agido diferente. Mas o que foi feito estava feito. E agora era hora de seguir em frente. Jack fez uma lista de todas as coisas boas que fizera na vida até o momento (Vicki o ajudou nessa tarefa) e outra lista com as coisas de que se arrependia ou queria ter feito diferente. Ele colocou as COISAS BOAS numa pasta de couro. Depois rasgou a lista de ARREPENDIMENTOS e jogou fora. Tornou-se um homem livre. Livre para assumir um novo personagem como um executivo bem-sucedido, trabalhador e confiável que aprendera as coisas na marra.

Mas ele certamente aprendera.

Jack abriu uma consultoria especializada em preparar executivos para assumir posições de alto risco. Um dos principais temas com que trabalha é — adivinhe? — ética. Não é surpresa que o negócio de Jack esteja fazendo o maior sucesso.

Que tal você também fazer listas como as de Jack? Não vai doer. E coloque sua lista de COISAS BOAS na lista geral de COISAS PARA GUARDAR. A lista ARREPENDIMENTOS vai para a lista geral de COISAS PARA JOGAR FORA.

Aqui está uma boa história que tem circulado ultimamente entre as grandes instituições financeiras: um jovem que trabalhava num banco de investimentos, na tentativa de impressionar seu chefe, fez um mau negócio que acabou custando 10 milhões de dólares à empresa. O jovem relatou seu erro ao chefe e disse:

— Tenho certeza que você vai me demitir e só quero que saiba que vou entender.

— Demitir você? — gritou o chefe. — Por que eu o demitiria? Acabei de pagar 10 milhões de dólares para treiná-lo.

Mais uma história sobre erros: é sobre um de muitos que cometi, e foi quando eu era pequena. É só para mostrar que nunca se é jovem demais para começar a errar, aprender com os erros e deixá-los para trás.

Quando eu estava na metade da oitava série, minha família mudou de cidade. Eu fiquei meio traumatizada, não só porque não conhecia ninguém na escola, mas também porque todas as minhas aulas eram mais difíceis do que na minha antiga escola. Latim, em especial, era um desafio. Minha nova escola usava o mesmo livro que a antiga, mas a turma estava anos-luz a minha frente. A sra. Sager era professora de latim e também a responsável pelas meninas. Ela era durona, levava a disciplina a sério demais e toda a turma a temia e respeitava. Ela aplicava um teste de latim todas as quartas-feiras. Eu estudara muito. Como não fui muito bem nos testes anteriores, estava nervosíssima. No meio do teste, quando empaquei em mais uma palavra, dei uma espiada no teste da menina sentada ao meu lado. Então, fiz o impensável: copiei a palavra de seu teste. Entreguei o meu, e como aquela era a última aula do dia, fui para casa. Quando cheguei, estava arrasada. Assim que vi minha mãe, comecei a chorar. Muito.

— Fiz uma coisa horrível — disse, em lágrimas. — Colei no teste de latim!

Minha mãe me abraçou e me deixou chorar. Depois ela disse, do seu jeito sábio:

— Bem, o que você acha que deve fazer a respeito disso?

— Vou contar amanhã à sra. Sager — respondi.

— É uma ideia muito boa — disse minha mãe. — Agora, prometa para mim que não vai pensar mais nisso até amanhã.

Eu prometi. E como era de se esperar, dormi como um anjo a noite toda. Nada como uma confissão para tirar o peso das costas.

A primeira coisa que fiz na manhã seguinte foi entrar na sala da sra. Sager e contar a ela o que eu tinha feito.

— Humm — disse ela, olhando para o meu teste. — Que palavra você copiou?

— Essa aqui — apontei.

— Bom, você errou, de qualquer jeito — disse ela.

— Sinto muito mesmo — disse eu, tentando não chorar.

— Eu sei — disse a sra. Sager. — Mas vou ter que lhe dar zero no teste. É uma pena, você não teria ido mal. Mas vou dizer uma coisa a você, Gail: de agora em diante, quando eu olhar para a turma, vou saber que entre todas as pessoas na sala, tem alguém que nunca vai colar. E essa pessoa é você.

Aquele acabou sendo um dos melhores dias da minha vida.

Passos para deixar para trás seus arrependimentos e erros:

1. Lembre-se: você tem que fracassar. É a única forma de alcançar o sucesso.
2. Não existe perfeição. Alguns jogadores podem ter feito jogadas perfeitas, mas não foram perfeitos o campeonato inteiro. Jogue fora a *perfeição*.
3. Não leve seus supostos erros para o lado pessoal. Se algo não deu certo, faça reajustes e tente de outro jeito.
4. Se gastar toda a sua energia relembrando as coisas que não deram certo, o que devia ou não devia ter feito ou falado, você não terá energia para encontrar novos caminhos para a realização. Livre-se dessas coisas. Só aí já devem entrar mais umas dez coisas na sua lista.

Pontuação de coisas jogadas fora da Gail:

Vou jogar fora o arrependimento leve, mas incômodo, de não ter me tornado atriz.

Total: 1 coisa
Total geral: 44 coisas

Sua pontuação de coisas jogadas fora:
Seu total:
Seu total geral:

Capítulo 14

DEIXANDO PARA TRÁS A IDEIA DE QUE VOCÊ ESTÁ SEMPRE CERTO E O RESTO DO MUNDO SEMPRE ERRADO

Tenho a impressão de que estamos no caminho certo. Eu avisei: quando engrenar na limpeza do lixo mental, nada vai parar você. Mas se você ainda precisa de um empurrãozinho, este capítulo vai dá-lo. Prometo.

Não há uma única pessoa com quem eu já tenha trabalhado que não tenha seus momentos de ditar "o que é certo". Você sabe do que estou falando: você provavelmente também tem esses momentos. Descubra isso da seguinte forma: nas últimas 24 horas você disse para alguém ou para si mesmo algo como "Você está me dizendo que esse avião vai atrasar 1h30 e você nem sabe por quê? Você sabia que eu tenho uma reunião? Isso é um absurdo". Ou "Por que ele nunca lembra que eu ponho leite no café? Não consigo entender... depois de tantos anos. É um absurdo." Ou ainda: "Desculpe, mas estávamos na frente deles, por que não arrumaram lugar para a gente primeiro? Você sabe há quanto tempo estou esperando? Isso é um absurdo." (Peguei você nesse último, não peguei?)

Estar certo sobre o que está errado em alguém ou em alguma coisa é quase irresistível para a maioria das pessoas. É uma armadilha em que caímos quase diariamente. Você pode estar certo em achar que seu chefe está errado em não ter reconhecido o quanto você trabalhou duro. Você pode estar certo em achar errado sua cunhada dar a você de aniversário um suéter muito menor do que o seu tamanho pelo quarto ano seguido. Você pode estar certa em achar errado sua filha não ter limpado a cozinha depois de você ter pedido três vezes seguidas. E a questão é: provavelmente você *está* certo. E provavelmente um monte de gente concordaria com você, e todos poderiam fazer um belo círculo proclamando o quanto estão certos. Mas e aí? Enquanto você está preocupado demais em estar certo, sua vida vai passando diante dos seus olhos.

Certa vez, eu estava conversando com uma amiga sobre o que cada uma havia planejado fazer com sua família no feriado que se aproximava. Eu tinha acabado de passar por uma fase em que viajara muito a trabalho e queria ficar com Jim e as meninas fazendo o que mais gostamos: planejar o cardápio, cozinhar, comer e conversar sobre como foi maravilhosa a refeição. Mas minha amiga pensava diferente: ela era um caso sério de pessoa que acha que sempre está certa. Ela disse:

— Vou contar a você o que meu marido vai fazer. Ele acha que vai jogar golfe com os amigos, mas na verdade vai guardar a decoração de Natal da nossa casa. Sabe quantas vezes pedi a ele para fazer isso? Já se passaram meses. Impressionante.

— Você está certa — disse eu.

— Claro que estou — rebateu ela. — É um absurdo.

— Eu sei — disse eu, hesitante. — Mas eu fiquei pensando...

— Pensando o quê? — Ela parecia realmente aborrecida.

— Pensando no tipo de feriado que você quer passar.

— Como assim? — perguntou, desconfiada.

— Sei lá... Achei que você fosse querer passar um feriado relaxante e romântico junto com seu marido. Afinal, as crianças vão estar na casa de amigos, certo? Só pensei que...

— Continue...

— Olha — disse eu —, você pode escolher estar certa de que ele está errado por não ter tirado a decoração de Natal antes, ou pode escolher ter um feriado maravilhoso a dois. Mas você não pode ter os dois. Um homem irritado não é lá muito romântico, pelo que sei.

Ela pensou por um momento. E disse:

— Hum, mas e a decoração de Natal? Estou tão de saco cheio dela.

— Depende do que você prefere — respondi.

Minha amiga acabou escolhendo o fim de semana romântico com o marido, e como estava determinada a torná-lo prazeroso, realmente foi. E adivinhe? O marido tirou a decoração de Natal sem que ela precisasse pedir. (E também não foi jogar golfe...)

Infelizmente, estar certo pode tornar você realmente infeliz. Na verdade, essa necessidade pode controlar toda a sua vida. "Estar certo" tem que estar no topo da sua lista de lixo mental. Vou contar um exemplo de como isso de estar sempre certo quase arruinou a vida de uma mulher.

Lauren era uma mulher bem-sucedida que sofria cronicamente desse mal. Ela vivia falando como estava certa em achar que seu marido deveria estar ganhando mais "na idade que tinha". Ela estava certa em achar que sua filhinha deveria ter começado a andar "agora". Ela estava sempre certa em achar que recebia aumentos muito pequenos no trabalho e em achar que as pessoas que trabalhavam para ela eram incompetentes. Lauren realmente podia estar certa em alguns aspectos, mas era duro lidar com ela. Seu marido saiu de casa por vários meses e quase a deixou de vez. Sua filha quase nunca sorria e houve tantos pedidos de demissão em seu departamento que ela perdeu uma grande promoção. Lauren, num lampejo de sabedoria, finalmente me perguntou o que eu achava que ela estava fazendo de errado.

— Nada que você não possa consertar — disse eu.

— Então o que é? — perguntou ela.

— Você só tem que deixar uma coisa de lado. É algo de que todos temos que nos livrar: a necessidade de estarmos certos.

— É, mas como eu faço isso? — perguntou ela. — Sempre fui assim, entende?

Eu disse a Lauren que, quando ela sentisse necessidade de achar que estava certa enquanto todo o resto estava errado, ela deveria apertar o botão de PAUSE.

— Só pare um pouco e pergunte-se o seguinte: *qual é o meu compromisso?* Meu compromisso é estar certa a respeito do que minha filha deve fazer em que momento? Ou poderia estar comprometida com algo muito mais nobre, como criar um ambiente confortável e positivo, que permita que ela cresça com confiança e otimismo? Meu compromisso é estar certa sobre quanto os outros são incompetentes no meu trabalho? Ou é criar um ambiente de trabalho cheio de energia e otimismo, onde as pessoas ficarão entusiasmadas e darão o melhor de si todos os dias?

— E o que eu faço com isso de estar certa o tempo todo? — perguntou ela.

— Deixe para lá — disse eu. — Jogue fora. Você terá uma recompensa melhor.

Bem, Lauren precisou apertar o botão de PAUSE como uma louca — como eu já disse, esses hábitos mentais são os mais duros de serem mudados —, mas, no final, ela superou. E isso mudou não apenas a sua vida, como a das pessoas ao seu redor. Seu marido não apenas voltou, como recuperou sua autoestima. Sua filha está correndo, pulando e brincando como qualquer criança de sua idade. E a equipe de seu departamento sentiu-se mais motivada a ficar na empresa. Até Lauren está diferente. As rugas entre seus olhos desapareceram. Viu? Abandonar esse negócio de estar sempre certo é mais barato do que uma injeção de Botox, além de durar mais.

Eu me pego com essa mania de estar certa o tempo todo. Bem, nem sempre. Muitas vezes, Kate e Abigail é que me pegam. Elas chamam isso de "Quando a mamãe diz *só um minutinho*." Abigail faz uma extraordinária encenação de quando fomos visitá-la na cidade em que fazia faculdade. Estávamos jantando em um restaurante quando chamei o *maître* e disse:

— Só um minutinho: está vendo aquele casal sentado no bar bem a nossa frente? Eles estão se agarrando feito animais, é totalmente indecente. Você poderia fazer alguma coisa, por favor? Isso é um abusrdo.

Abigail morreu de vergonha. Mas eu sempre fiz isso. Ela devia ter se acostumado.

Teve uma vez em que corri para um salão que estava quase fechando porque precisava muito de um gel de cabelo, mas não me deixaram entrar. Eu disse:

— Só um minutinho: você está entendendo que saí mais cedo do trabalho para chegar aqui.

Esta história é boa: quando Kate tinha oito anos, a mãe de uma de suas amiguinhas convidou um grupo de crianças para uma festa de pijama, mas não a chamou. Eu abordei a mãe desavisada em uma calçada de Nova York e disse:

— Só um minutinho: é errado não chamar todo mundo. Você simplesmente não pode deixar uma criança de fora!

Hoje rimos disso, mas quem sabe quantas batalhas venci e quantas guerras perdi? Muitas, eu acho.

Mas isso acabou. *Só um minutinho* vai embora. Mesmo.

Pense nos últimos meses e lembre das vezes em que insistiu estar certo ou usou sua própria versão do *só um minutinho*. Isso parece bobagem agora ou você ainda acha que realmente estava — e está — sempre certo? É muito fácil ficar preso à mania de estar certo.

Podemos ficar tão focados nas pequenas vitórias, como Lauren ficou, que perdemos a noção do que poderia ter sido muito mais importante.

E isso quase aconteceu com Jerry, um dos meus clientes. Sua mãe o havia abandonado quando era bebê. Ela disse que simplesmente não estava preparada para ser mãe e mudou-se para outro estado. Jerry foi criado por sua avó, que o amava e tentava suprir a ausência materna. Ele cresceu, casou-se e teve dois filhos. Ironicamente, a esposa de Jerry deixou o marido e os filhos para voltar à faculdade, que ficava em um estado muito distante. Jerry foi um pai maravilhoso em todos os sentidos, e ele e seus filhos tornaram-se muito próximos. Ainda assim, ele nunca superou de verdade o abandono de sua mãe e a certeza de que ela estava totalmente errada. E agora havia acontecido de novo — não só com ele, mas também com seus próprios filhos. E isso era um absurdo. Bem, um dia a esposa de Jerry voltou, disposta a recuperar a relação com seus filhos. Ela disse que havia mudado, amadurecido e achava que podia ser uma boa mãe.

Com razão, Jerry ficou morto de raiva.

— Isso não está certo — disse-me ele. — Ela os abandonou. Nem sequer os visitou. Ela não os via há quase cinco anos, e agora quer voltar, como se nada tivesse acontecido.

— Você está certo, Jerry — disse eu, calmamente. — Ninguém discorda disso.

Ele passou um bom tempo calado. Dava para perceber que ele estava em um conflito interno. Finalmente, perguntei o que ele estava pensando:

— Só estou refletindo sobre o que é realmente importante, só isso. Meus filhos têm a chance de ter a mãe de volta. Eu nunca tive essa chance. Será que eu tenho o direito de impedir a felicidade *deles* só porque *eu* acho que ela fez algo errado — pela segunda vez na minha vida?

— Você tem que deixar isso para trás, então. E acredite, se você fizer isso, vai ser uma das maiores "manias de estar certo" que alguém já deixou para trás. A questão é: qual é o seu verdadeiro compromisso? Estar certo sobre como ela magoou você e as crianças ou permitir e até encorajá-los a ter um bom relacionamento com a mãe, e até, quem sabe, uma vida familiar normal? — disse eu.

— Quando você pensa sobre isso parece óbvio — disse Jerry. — Que tipo de cara eu seria se barrasse a maior felicidade deles, só porque eu achei que estava certo e fiz jogo duro? No final, eu nunca iria me perdoar.

— Você não vai ter que fazer isso, Jerry. Mas certamente seria bom se você pudesse perdoar sua esposa. Então talvez seus filhos também a perdoem. E isso geraria o melhor dos resultados possíveis — disse eu.

Jerry se livrou da raiva, da mania de estar certo e até da vontade de que seus filhos não amassem a mãe tanto quanto o amavam — e provavelmente isso foi a maior coisa que deixou para trás.

Mas o melhor foi que Jerry decidiu deixar para trás a certeza do quanto sua mãe estava errada em deixá-lo tantos anos atrás. Durante nossas conversas sobre ela, concluímos que sua mãe fizera a única coisa que podia, que ela era incapaz de agir diferente. Se olharmos desta perspectiva, é inútil sentir raiva — pelos menos, não depois de tanto tempo. Então Jerry perdoou sua mãe. E não apenas a perdoou, mas começou a procurá-la. E conseguiu achá-la. Depois de muita investigação, Jerry encontrou seu número de telefone e ligou para ela. Quando ela atendeu, ele disse: "Oi, mãe. Aqui é o Jerry, seu filho. Eu te amo."

Hoje os filhos de Jerry não só têm uma mãe como também uma avó.

E agora é a sua vez. Que "certezas" do passado você vai abandonar? E você vai se controlar quando o fantasma da mania de estar certo aparecer? Lembre-se: aperte o botão de PAUSE e pergunte-se qual é o seu verdadeiro compromisso. É mais divertido encontrar realização do que encontrar falhas. E você vai ficar impressionado com a diferença que isso vai fazer na sua vida. As pessoas vão sorrir quando você chegar. Provavelmente você até vai começar a assobiar. E vai ficar com a aparência melhor. Não estava brincando sobre o Botox.

Acrescente as "certezas" a sua lista de lixo mental, tá? Senão, vou ter que pedir *só um minutinho*. E você não quer isso.

Passos para deixar para trás a necessidade de estar certo sobre o que é errado:

1. Pergunte-se o seguinte: *Eu quero estar certo ou eu quero ser feliz?*
2. Aqui está outra pergunta: *O que é mais importante para mim: dizer que alguém está errado agora ou ter uma relação duradoura e produtiva?*
3. Deixe a outra pessoa estar certa por um momento antes de tomar sua posição. Diga isso: "Você está certo. Eu entendo perfeitamente o que você quer dizer." Então dê a sua opinião. Isso fará milagres. Não estou brincando.
4. Faça uma lista de pelo menos cinco coisas sobre as quais você acredita estar certo.

Pontuação de coisas jogadas fora da Gail:

Vou jogar fora as frases: *Só um minutinho. Isso não está certo...* sempre que estiver aborrecida com alguém ou com alguma situação. Perguntei a mim mesma qual é meu compromisso: estar certa ou ter resultados felizes, positivos e duradouros.

Total: 1 coisa
Total geral: 45 coisas

Sua pontuação de coisas jogadas fora:
Seu total:
Seu total geral:

Capítulo 15 | DEIXANDO PARA TRÁS A NECESSIDADE DE AGRADAR A TODOS

CERTA VEZ, QUANDO EU TINHA UNS NOVE anos e morava numa cidadezinha no estado americano de Ohio, cheguei do aniversário de algum amiguinho e explodi em lágrimas.

— O que houve? — perguntou minha mãe.

— A Suzy não gosta de mim! — choraminguei.

— Como você sabe? — perguntou minha mãe.

— Por que todo mundo está dizendo isso — respondi, como uma típica menina de nove anos.

— Hum, sei — disse mamãe. E minutos depois, acrescentou: — Querida, você consegue pensar em algo de que todos, no mundo inteiro, gostem?

Olhei para ela, retomando o fôlego.

— Porque eu só consigo pensar numa coisa: água. E isso porque a água não tem gosto. Você queria ser como a água?

Pensei um instante.

— Acho que não — disse eu.

— Que bom — disse mamãe —, eu imaginei.

— Talvez eu seja como chocolate quente ou Coca-Cola, ou até limonada! — soltei.

— Ótimo — disse ela. — Agora você pegou o espírito da coisa.

Você deve estar pensando: *que mãezona*, certo? E ela era. A melhor. Eu queria poder dizer que sempre segui seus conselhos, mas a verdade é que nem sempre os segui. Já perdi a conta de quantas vezes me peguei querendo ser amada por todos, agradar a todos. Como alguém poderia não gostar de mim?

Acho que isso não acontece só comigo. Aposto que você está pensando agora mesmo sobre as vezes em que caiu na armadilha do "todo mundo tem que gostar de mim". Acho que não conheço ninguém que nunca tenha caído. Mas por quê? Se a gente parar para pensar, será que existe alguém que seja amado ou querido por todo mundo? Veja algumas das estrelas do nosso tempo: Madonna, Tom Cruise, Oprah Winfrey... Algumas pessoas os amam, outras os odeiam. Sempre houve gente assim, inclusive no Brasil: Pelé, J.K., Getúlio Vargas. A maioria dessas pessoas é, ou era, controversa. Duvido que algum deles teria tido sucesso se tivesse se preocupado em ser amado por todos. E apesar de serem totalmente diferentes, todos tinham uma coisa em comum — eles sabiam o seguinte: *Se você tem pessoas que o amam, as outras não importam.*

A maioria das pessoas tem medo de ser controversa ou simplesmente ser quem são. Somos como limonada com muita água e pouco limão. Diluímos nosso sabor para não desagradar ninguém. E nesse processo, abrimos mão do nosso poder, da essência de quem somos; daquilo que nos torna únicos e inesquecíveis.

Mas isso não é novo. Estamos bastante acostumados a esconder aquilo que nos torna diferentes e ressaltar aquilo que nos torna parecidos com as outras pessoas, não é? Desde pequenos, nossos pais, professores e chefes nos educaram a não nos empolgar demais e a dançar conforme a música, a nos adequar, para sermos queridos. E gastamos muito esforço e dinheiro seguindo seus conselhos. Compramos as roupas certas, a maquiagem certa, o carro certo, falamos as coisas certas — para assim sermos aprovados pelo maior número de pessoas possível.

Na peça *A morte de um caixeiro-viajante*, de Arthur Miller, o protagonista, Willy Loman, aconselha seu filho Biff: "Seja querido e você nunca vai passar necessidade." Mas ironicamente, no fim da peça, é Bernard, o amigo de Biff — o cara C.D.F de quem Willy zombava, aquele que não era popular — quem se torna bem-sucedido e respeitado, além de feliz.

A verdade é que o mundo não pertence aos que se adequam, mas aos que se destacam. Na música, na arte, na arquitetura, na mídia, na política e na *vida*, é o ousado, o que vai fundo, quem ganha. Sempre.

Tudo bem, se você e eu quisermos ser especiais — e talvez até inesquecíveis — não podemos ser adorados por todos. Temos que *decidir* — aqui está a palavra outra vez quem somos de verdade e o que nos diferencia do resto. Isso significa que temos que *nos livrar* do velho hábito de ficar chateados quando alguém acha que o gosto do limão está forte demais na nossa limonada.

Conheço uma mulher brilhante e realizada chamada Liz, que esteve em uma situação difícil há pouco tempo — ela teve que decidir quem era e quem não era. Foi uma decisão difícil, porque havia muito em jogo. Ela era subordinada ao presidente de uma pequena agência de publicidade, chamado Mark — um homem que parecia gostar muito dela, já que Liz conseguira crescer na empresa começando como assistente executiva e chegando a vice-presidente. Mas enquanto o nome de Liz se projetava dentro e fora da empresa (ela saía frequentemente nas colunas sociais das revistas de publicidade), seu chefe passou a "gostar menos" dela. Ele gostava dela enquanto Liz lutava para crescer, mas quando chegou ao topo, ele deixou de gostar. Uma amiga e colega de trabalho lhe deu o seguinte conselho: "Liz, se você quiser continuar aqui, tem que baixar a bola. Mark não está gostando de toda essa atenção que você está recebendo. Não sei se ele está com inveja ou com medo, mas acho que você vai ter que mudar de atitude se não quiser deixá-lo com raiva — e arcar com as consequências." Liz ficou chocada. Como a maioria das pessoas, ela achara que se trabalhasse duro e tivesse bons resultados, tudo entraria nos eixos. Nos últimos tempos, ela sentira que conseguira encontrar seu lugar. Só que nunca passou pela sua cabeça que ela podia ser boa demais e poderosa *demais* e alguém não gostar.

Quando conheci Liz, ela estava quase no fim de suas forças. Todos os dias, ela acordava e era acometida pelo medo de fazer algo, mesmo bom e não intencional, que pudesse aborrecer seu chefe.

— E se eu for demitida? — perguntou-me ela. — Sabe, é uma possibilidade. Mark poderia inventar qualquer motivo para dizer que meu desempenho não está bom o suficiente. Já o vi fazer isso com outras pessoas, na verdade.

Liz tinha quarenta anos, estava naquela empresa há 12 e tinha direito a ações, bônus e outros incentivos que a proporcionavam uma vida bastante confortável. Ela também era a principal responsável pelo sustento de sua família. Ser demitida era um pensamento realmente assustador.

— E quanto a pedir demissão? — perguntei.

— Você está brincando? — disse ela, chocada.

— Na verdade, não — disse eu, calmamente. — O negócio é o seguinte: você tem duas escolhas. Você pode continuar onde está e esperar até que Mark sinta-se mais seguro e menos ameaçado por você, o que pode levar mais 12 anos, e até isso acontecer, você baixa a bola e tenta não ser tão boa. Ou então você pode mandar tudo para o inferno e tocar sua vida para a frente.

— Gail, eu preciso muito desse emprego.

— Eu sei — respondi —, mas há outros empregos, em outras empresas, com outras ações e bônus e, o melhor de tudo, outros chefes, que adorariam contar com alguém com sua energia e empenho. Pense nisso um pouco.

Lembrei-lhe o quanto ela ia trabalhar arrasada todos os dias e como, incrivelmente, ela havia superado seu chefe retrógrado, sem classe e imaturo. Ela demorou um pouco para acreditar em mim. Ela nunca se achou ameaçadora. A maioria das pessoas não se acha.

— Mas até pouco tempo, era bom trabalhar lá — disse Liz. — Não consigo entender o que deu errado.

— Nada deu errado — disse eu. — Simplesmente está na hora de seguir em frente. E ironicamente, *está na hora de ser mais você mesma, não menos*. Vamos fazer uma lista de quem você realmente é.

Nós listamos coisas que ela havia feito até agora em sua carreira e das quais se orgulhava. Eu queria que você fizesse o mesmo. Quando Liz começou a pensar nisso, ela se surpreendeu com o quanto havia conquistado — e você se surpreenderá também. Como a maioria das pessoas, ela nunca havia percebido o quanto era boa; sempre estivera ocupada demais se preparando para o próximo desafio. Ela se lembrou quando, mais ou menos um ano atrás, precisou substituir de última hora um executivo importante que estava doente e fez, em seu lugar, uma apresentação complicada para o maior cliente da firma. Ela ficou completamente apavorada, mas cumpriu a missão, não perfeitamente, mas muito bem, com graça e humor. A equipe do cliente a aplaudiu quando ela terminou. Liz sorria enquanto me contava esta história.

Depois, fizemos uma lista de suas qualidades preferidas. (Faça você também. É fácil.) Sem hesitar, ela colocou "engraçada". Depois acrescentou "sensível", "motivadora" e "boa ouvinte".

E então convidei Liz a fazer um dos meus exercícios prediletos. (Você lembra dele no capítulo 8, "Deixando clara a sua marca".)

— Complete esta frase — disse eu. — "*Eu sou a Liz e sou aquela que...*"

— Ai meu Deus, tenho que pensar um pouco para responder — disse ela.

— Não precisa, não é difícil. Você quer ser conhecida pelo quê? O que faria você mais orgulhosa? Quando diz *sou aquela que*, você está fazendo uma promessa. Qual é a sua promessa? — perguntei.

— Tudo bem, lá vai — disse Liz. Ela se levantou, ajeitou a postura, sorriu e disse: — *Eu sou a Liz, gente que faz.* — E acrescentou: — *E me divirto enquanto faço.*

Como você completou esta frase? Diga em voz alta e ouça como soa bem.

Agora é que a transformação estava começando. Perguntei a Liz o que ela teria que jogar fora para cumprir sua promessa. Ela disse o seguinte:

— Vou jogar fora a ideia de que é culpa minha se alguém não gostar de mim. Vou jogar fora a ideia de que tenho que agradar a todos o tempo todo para ser considerada boa o bastante. E vou deixar de ter medo de me destacar na multidão. O que você acha?

— Perfeito — disse eu.

Bem, não preciso dizer como tudo acabou. Liz pediu demissão. Sabe aquela velha máxima, não deixe um emprego antes de ter outro em vista? Bem, não acredite nisso. Pelo menos não o tempo *todo*. É claro que às vezes, por questões financeiras ou familiares, temos que arranjar o novo emprego antes de deixar o antigo. Mas também há momentos em que temos que deixar para trás um passado debilitante para apressar o surgimento de um futuro eletrizante. Liz tornou-se uma nova pessoa no momento em que disse a Mark que estava partindo para outra. Sua aparência era diferente, sua voz era diferente. Ela era exatamente o que precisava ser: ela mesma, abertamente. Ela estava "de volta".

Seis semanas depois, Liz conseguiu um novo emprego numa agência nova e famosa, reconhecida pelo excelente relacionamento com os clientes.

— Adoramos seu jeito de ser — disse seu novo chefe quando lhe admitiu. — Você tem a atitude de que precisamos por aqui. Parabéns!

Menos de seis meses depois de começar na nova empresa, ela trouxe o principal cliente da antiga — aquele para quem havia feito aquela maravilhosa apresentação.

Por falar em "apresentações maravilhosas", por mais que Liz seja uma profissional competente, provavelmente houve alguém na plateia que não ficou tão impressionado. Sempre há. E isso vale para todos nós. **Porque não importa o quanto sejamos incríveis, nem todos vão gostar de nós.**

Simplesmente não é possível. E isso não importa. Então vamos jogar fora a ideia de que não somos bons se alguém nos acha medíocres. Combinado? Negócio fechado.

Meu pai, a pessoa mais motivadora que já conheci, dizia uma coisa sempre que eu sentia medo de me destacar: "Defenda alguma coisa ou você vai cair por qualquer coisa." Liz quase caiu por baixar a bola, por ser menos do que realmente era, por diluir o que tinha de especial para não ofender ou ameaçar. Não faça isso. Lembre-se de quem você é. Lembre-se do que não faz de você água — ou até mesmo chocolate quente ou Coca-Cola —, mas a limonada mais deliciosa que alguém já provou. Reveja sua lista de qualidades especiais todos os dias, sem falta. Aceite a si como aceita estas qualidades. Entre em todos os lugares demonstrando suas qualidades únicas e fabulosas. E quando o velho medo aparecer — o medo de não agradar — jogue-o fora e pense em Madonna, Tom Cruise ou Pelé e lembre-se: *você é aquele que...*

O mundo está esperando que você se revele com todo o seu sabor de limonada, não uma versão aguada. E nem todas as pessoas, mas um número suficiente delas vai te receber de braços abertos. Afinal, se você tem pessoas que amam você, as outras não importam.

Passos para deixar para trás a necessidade de que todos gostem de você:

1. Faça uma lista de todas as suas qualidades preferidas — de seu bom humor a seu poder de persuasão; qualquer coisa que faça você sentir-se especial. Peça para pessoas próximas acrescentarem coisas à lista.
2. Comprometa-se a não baixar a bola só porque alguém se sente ameaçado pelo seu crescimento. Sempre que possível, exclua essas pessoas da sua vida.
3. Complete esta frase: *Sou _________, e sou aquele que...* Esta é sua promessa. Cumpra-a.
4. Faça uma lista das coisas que você teme que os outros não gostem em você. Jogue fora todos esses medos. Porque se você tem pessoas que o amam, as outras não importam.

Pontuação de coisas jogadas fora da Gail:

Vou jogar fora a ideia de que absolutamente todo mundo tem que adorar as coisas que digo, escrevo ou faço.

Total: 1 coisa
Total geral: 46 coisas

Sua pontuação de coisas jogadas fora:
Seu total:
Seu total geral:

Capítulo 16

DEIXANDO PARA TRÁS A TENDÊNCIA DE SEMPRE PENSAR O PIOR

OLHA, SE VOCÊ CONSEGUIR JOGAR ISSO FORA, você conseguirá ser feliz de verdade. Estou falando sério. As interpretações negativas nos invadem como aquela substância viscosa que alguns insetos cospem para capturar e comer outros insetos. Acho que as plantas carnívoras têm algo parecido em suas folhas que usam para capturar suas presas. Na verdade, somos todos como as adoráveis plantas carnívoras, não é? Algo acontece, alguém diz alguma coisa e *glup*! Transformamos isso em algo ruim, grudamos isso em nossas mentes e ficamos ruminando. E diferente das plantas carnívoras, não sentimos prazer com isso; ficamos até doentes.

Alguns anos atrás, eu havia acabado de dar uma palestra para uma grande empresa e estava indo pegar o elevador quando a diretora de recursos humanos me abordou.

— Oi, Gail — disse ela. — Lembra quando estávamos almoçando hoje e você não parava de me olhar?

— Hã... mais ou menos — respondi. — Bom, eu sei que você achou que tinha algo de errado com a minha maquiagem... — continuou ela, preocupada. — Sabe, você já trabalhou em uma empresa de cosméticos e tal, então diz pra mim, o que devo mudar?

— Você está falando sério? — disse eu. — Nossa, você entendeu tudo errado. Eu estava olhando tanto para você porque estava prestando atenção no que você estava dizendo. Eu queria entender cada palavra que você dizia.

— Tem certeza? — perguntou ela, fitando-me desconfiada.

— Tenho — respondi. — Você está ótima. Sério.

Consegui convencê-la de que sua maquiagem estava legal a tempo de entrar no elevador, mas não foi fácil. Ela tinha certeza absoluta daquilo que afirmou. E o fato era que eu realmente *não parava* de olhar para ela. Em sua interpretação automática, isso era sinal de que havia algo errado — no caso, com a sua maquiagem. Fazemos isso o tempo todo, certo? O que acontece é o seguinte: alguma coisa acontece ou alguém diz algo — um fato — e imediatamente nós atribuímos um significado, uma interpretação. E aí, pronto: juntamos o fato à interpretação e isso se torna a "verdade"; e pior, torna-se nossa realidade.

Quando comecei a escrever este livro, mandei vários capítulos para minha editora, Karen Murgolo, e pedi a ela para dar uma lida rápida. Nas outras vezes em que eu fizera isso, ela sempre me respondia em menos de dois dias, dando sua opinião. Dessa vez, eu não tive notícias dela durante uns dez dias. Eu disse ao Jim:

— A Karen ainda não entrou em contato.

— E daí? Provavelmente ela está ocupada com outras coisas — respondeu ele.

— Não, ela sempre me responde logo — disse a ele. — Deve ter algo errado. Eu arrisquei umas coisas diferentes naqueles capítulos e ela provavelmente não gostou. Agora vou ter que reescrevê-los e já estou com o prazo atrasado.

Jim suspirou.

— Você não acha que está fazendo uma tempestade num copo d'água? Ela gostou dos últimos que você mandou, por que não ia gostar desses? Por que você não tenta ser otimista até ouvir o contrário?

Este realmente foi um bom conselho, para falar a verdade. Mas eu estava me sentindo pressionada pela quantidade de trabalho e com pouca energia. E como acontece com a maioria das pessoas, pouca energia traz preocupações e insegurança. Então acrescentei a possibilidade de Karen não ter gostado dos meus capítulos — o que me parecia muito real — à minha lista de outras coisas com que estava preocupada. Como era de se esperar, só dormi algumas horas naquela noite. Fiquei me revirando quase o tempo todo confrontando, suspirando e pensando em todas as coisas que podiam dar errado. Não importava que não houvesse fatos reais que sustentassem minhas preocupações. Minhas interpretações me dominaram. E todas elas — sobretudo o que acontecera na semana anterior — eram negativas. Eu não tivera resposta de uma instituição financeira sobre se eu iria a Dubai para dar uma importante palestra, o que provavelmente significava que eles tinham escolhido outra pessoa, certo? E não ouvira uma palavra de David Molko, o produtor de uma emissora de televisão que tentava aprovar a produção de um especial sobre mulheres com problemas de coração utilizando o meu exemplo. Então, ele provavelmente não tinha conseguido a grana, certo? A lista era interminável. Eu poderia ficar remoendo essas coisas por mais de uma noite. Poderia levar uma semana até.

E na verdade, levou. Não dava para esconder minhas olheiras nem com a melhor das maquiagens, nem compressas geladas, ou até Botox. "Você só precisa pegar mais leve", disse Alan Matarasso, um bom amigo e cirurgião plástico. "Parece que você está se preocupando com o que não precisa se preocupar. Pare com isso que o resto se resolve." Mais uma vez, palavras sábias vindas de um homem sábio. Mas é mais fácil falar do que fazer, não acha? Especialmente quando todas essas interpretações negativas se juntam a uma coisa: não ser bom o bastante. São essas palavras que resumem nossos pensamentos insones.

E eu peguei mais leve? Não. Não até Karen dar notícias, pedindo desculpas por ter demorado tanto a ler meus capítulos — ela estava atolada com outro projeto — e que eles estavam bons; não até saber que a instituição financeira tivera que lidar com uma emergência, mas que iria me mandar para Dubai. E não até David ligar e dizer que tinham conseguido a verba para produzir o programa. Então tudo isso apenas fez com que eu passasse duas semanas infeliz — desnecessariamente.

E o pior, enfraqueci meu sistema imunológico mental ao ficar tão preocupada irracionalmente. Cheguei a achar que qualquer coisinha que não funcionasse ou que eu pudesse ser a culpada por estragar era prova de que aquelas palavras desagradáveis estavam certas: eu *não era boa o bastante*. Dá para acreditar? É possível viver assim? Alguma coisa nessa história toda parece familiar? E o negócio foi o seguinte: nenhuma das minhas interpretações do que aconteceu — ou não aconteceu — estava certa. Criei muita negatividade a partir do medo de que as coisas não funcionassem como eu queria no momento, ou de que, de alguma forma, eu não estivesse à altura. E eu me prendi a essas interpretações negativas justo no momento em que deveria tê-las jogado fora.

Olha, nossas vidas estão repletas de interpretações. As guerras acontecem por causa de interpretações, eleições são vencidas ou perdidas por causa de interpretações, a bolsa de valores sobe e desce baseada em interpretações de fatos, não nos fatos em si. É verdade que Karen demorou a me responder. Isso é um fato. Também é um fato que eu não tivera resposta do produtor ou do executivo da instituição financeira. Mas não foram os fatos que me impediram de dormir; foram as interpretações.

Reveja sua vida; lembre-se de ontem ou de hoje de manhã. Algo aconteceu, alguém disse alguma coisa: que significado você deu a isso? Talvez alguém não tenha respondido a seu e-mail sobre uma ideia que você sugeriu, ou não retornou a ligação sobre a vaga de emprego em que estava interessado. Ou talvez alguém simplesmente tenha olhado para você de forma esquisita numa reunião, na rua ou num elevador. O que isso significou para você? Nada de bom, aposto. Então você passou o resto do dia com esse pensamento negativo flutuando pela sua cabeça e *zap!*, sua energia é sugada. E antes que você se dê conta, você está vagando pela rua de cabeça baixa ou entrando num lugar esperando que algo mais dê errado. E o engraçado é que nada deu errado. Você inventou tudo.

Certa vez, eu estive no famoso programa de entrevistas da Oprah Winfrey, apresentando outro livro que escrevi. Cheguei perto de arruinar uma das melhores oportunidades que alguém pode ter ao dar uma interpretação negativa a algo que aconteceu. Antes de começarmos a gravar o programa, a produtora de Oprah me disse (eu tivera a sorte de ser a única convidada) que iam gravar algumas aberturas e fechamentos para outras edições.

— Espere na sala verde — disse ela. — Não vai demorar muito. E aí começamos o seu programa, o.k.? E Gail —

continuou ela —, quero ver muita energia em você, querida. Muita. Esse programa tem muita energia, está entendendo?

— Entendi — disse eu. — Mas não deveríamos falar mais sobre o que vamos fazer? Sabe, quando começarmos a gravar?

— Querida — disse ela —, é simples. Quando terminarmos as outras coisas, venho buscá-la e a Oprah vai conversar com você durante alguns minutos, e aí entramos no set. Há duas poltronas amarelas. A Oprah sentará em uma e você na outra. Aí vocês duas vão começar a conversar e o resto vai fluir. Mas Gail, eu quero ver muita energia mesmo, o.k.? Vejo você daqui a pouco.

Sentei-me sozinha na sala verde — durante uma hora e meia. Você sabe o que pode acontecer em uma hora e meia? Vou dizer: você simplesmente esquece tudo o que sabe. "Queria ter trazido o livro comigo", disse eu em voz alta, para absolutamente ninguém. "Talvez eu pudesse lembrar de algo que escrevi, se eu pudesse pelo menos ler a introdução, podia ter uma luz para começar ou algo assim..."

Neste momento, a produtora entrou e disse:

— Estamos um pouco atrasadas, querida, então você não vai poder conversar com a Oprah, mas vamos arrasar, o.k.? Muita energia, sacou? Poderosa!

Então entramos no set. Sim, havia duas grandes poltronas amarelas e Oprah estava sentada em uma delas. A outra estava vazia. Fui até a apresentadora, apertei sua mão e disse:

— Oi, eu sou a Gail.

— Como vai? — disse ela.

— Bem — respondi.

— Que bom — disse ela.

E foi isso. Ela não me pediu para sentar, então não sentei. Fiquei ali parada em pé. Ela pensou por um momento e então virou-se para o diretor do programa e disse três palavras que hoje estão bordadas em uma almofada no meu escritório, palavras que nunca vou esquecer:

— Pegue o banco.

Pegue o banco?, pensei. *O que isso significa? Ah, já sei, aposto que é um código para "pegue o gancho". Oprah é muito inteligente e sabe quando está diante de alguém que esqueceu tudo o que sabe, que não tem energia alguma, não é poderosa, e tal.* Dois rapazes vieram e rapidamente trocaram as duas poltronas por um grande banco amarelo.

Oprah disse:

— Pronto, Gail, sente-se no banco. Eu vou chegar perto do público.

E foi o que ela fez. E lá estava eu, sentada sozinha num banco, na frente de provavelmente milhões de espectadores, tendo esquecido tudo o que sabia. Olhei para o público e vi minha filha, Kate. Ela levantou as sobrancelhas. Respondi levantando as minhas. Então pensei: *O que estou fazendo aqui? O que me fez pensar que era boa o suficiente para estar no programa da Oprah, o mais famoso dos Estados Unidos?* Eu queria ir para casa. Ou pelo menos, deitar.

O *fato* era: Oprah disse "Pegue o banco". "Pegue o banco" e lá estava eu sentada nele — sozinha. O que isso significava? Bem, a primeira *interpretação* parecia óbvia: *a Oprah não gosta de mim. É isso. Ela não quer nem sentar perto de mim.* A próxima interpretação que me ocorreu foi: *isso não é muito legal, deixar uma mulher que você nem conhece sozinha num banco.* Esse pensamento também não ia ajudar. Então o que eu deveria fazer? (Viu? Por um instante eu queria ter *certeza* de que Oprah estava *errada*. Isso nunca dá certo.)

Então, eis o que eu fiz e o que você também deve fazer: quando algo acontece, quando alguém diz alguma coisa, antes de dar uma interpretação negativa, espere um tempinho e faça esta pergunta: *qual é o meu compromisso?* Então temos *que jogar fora a interpretação negativa* e inventar uma nova interpretação que nos ajudará a cumprir o que nos prometemos.

A boa notícia é que eu realmente sabia qual era meu compromisso: queria ter certeza de que cada pessoa na plateia de Oprah saísse dali com uma nova ideia do que é possível na vida. *Certo, querida*, disse eu, *se é isso o que você quer, que significado você vai dar para "pegue o banco"?* E me veio à mente o seguinte: "a Oprah confia em mim." E essa interpretação mudou tudo. Pensei: *se a Oprah confia em mim, quem sou eu para não confiar?* Então comecei a falar. (Sabe aquelas situações em que você simplesmente tem que começar, mesmo sem saber no que vai dar?) E no fim das contas, até levantei do banco e andei no meio da plateia. E Oprah me acompanhou. Eu acho — na verdade eu *sei* — que naquele dia mudamos algumas vidas juntas.

Alguns dias depois, a produtora me ligou e disse:

— Oi, Gail, liguei só para dizer que estamos editando o programa e está ficando legal. Acho que você vai gostar.

— Ah, que ótimo — disse eu. — Mas eu fiquei pensando... sabe quando a Oprah disse "Pegue o banco"?

— Sim, foi genial — disse a produtora.

— Ah, sim, eu sei — menti. — Mas eu fiquei pensando, bem, o que aquilo significa?

— Ah, só quer dizer que a Oprah está dizendo para você ir em frente e assumir o programa.

— Claro — disse eu, inquieta. Sabe, só queria confirmar. Olha, foi ótimo você ter me ligado.

Sabe-se lá o que teria acontecido se eu tivesse me agarrado a uma daquelas interpretações negativas...

Você deve estar dizendo: "Peraí, Gail. E se você estivesse certa sobre a editora não gostar dos capítulos, a empresa escolher outro palestrante, o produtor não se importar muito em arrumar verba para o programa ou a Oprah realmente não gostar de você? E se no fim você realmente descobrisse que *não era* boa o bastante?"

Tudo bem, e se o pior *tivesse* acontecido? E sabe, às vezes ele acontece. Nem sempre conseguimos o que nosso coração deseja; nosso projeto não dá certo e a viagem a Dubai vai para outra pessoa. Mas quer saber? As coisas ruins acontecem com menos frequência do que acreditamos! Na maioria das vezes, as coisas dão certo. E às vezes dão mais do que certo.

Então, escute, temos que deixar isso para lá. Temos que decidir aqui e agora, de uma vez por todas, que vamos abandonar essas interpretações negativas sobre as coisas que acontecem ou são ditas. Vamos apertar o botão de PAUSE por um momento e nos perguntar o seguinte: *o que eu quero, afinal?* O que quero fazer acontecer? Conseguir uma promoção, um emprego novo, um namorado, aprovação para o meu novo projeto ou simplesmente um final feliz para um dia difícil?

Então, não importa o que aconteça, dê uma interpretação positiva para a situação atual. No final, você terá muito

mais chances de conseguir o que realmente quer, não importa de que tamanho seja.

E lembre-se do que Albert Einstein disse: "No fim das contas, não existem fatos." Entendeu? Tudo é interpretação. Tudo é inventado. Então, se tudo é inventado, invente *você*. Invente interpretações que levem você para a frente, rumo à vida dos seus sonhos, e não a um passado que já deveria ter acabado. É a sua vida, você sabe bem. Não é um filme que você está assistindo. Você é quem decide o rumo das coisas. Você pode inventar. *Então, invente bem.*

Passos para limpar o lixo das interpretações negativas:

1. Faça uma lista com algumas das coisas mais importantes que aconteceram na sua vida no último ano.
2. Como você interpretou estes acontecimentos? Suas interpretações estavam corretas? Ou houve vezes em que você não encontrou as interpretações "corretas"?
3. Pergunte-se o quanto você se fez infeliz, sem necessidade, realizando uma interpretação negativa. Pergunte-se quanta energia gastou colocando-se para baixo.
4. Faça outra lista com o que você considera sua realidade daqui para a frente — o que provavelmente vai acontecer nos seus relacionamentos, na sua carreira, na sua saúde, na sua situação financeira. Pergunte-se que partes dessa suposta realidade são fatos reais — e quais você inventou, como medos, resignação ou algum velho hábito de dizer a si mesmo: "É melhor achar que vai acontecer o

pior; então, quando as coisas dão certo, terei uma surpresa agradável." Nossa, que jeito horrível de viver. Não faça isso. Supere.

Pontuação de coisas jogadas fora da Gail:

Vou jogar fora a ideia de que a falta de notícias significa más notícias.

Total: 1 coisa
Total geral: 47 coisas

Sua pontuação de coisas jogadas fora:
Seu total:
Seu total geral:

Capítulo 17

DEIXANDO PARA TRÁS A IDEIA DE TER QUE ESPERAR PELO MOMENTO CERTO

ESPERAR É UM ESPORTE NACIONAL. Esperamos ficar com vontade de fazer alguma coisa, o tempo mudar, ou por alguém que nos estimule. Alguns de nós esperam que os outros nos descubram. Você sabe, que descubram como somos bons. Esperamos que eles nos reconheçam, nos promovam e nos celebrem. Eles devem nos descobrir. Mas não é assim que funciona. É desta forma: as pessoas não nos descobrem até nós mesmos nos descobrirmos; até que entremos em campo, sem mesmo termos sido convocados.

Falando em esporte nacional e entrar em campo, vou contar uma história que vai estimular você.

Quando eu tinha uns 24 anos, estava num dos melhores empregos do mundo, principalmente para uma garota. Eu era gerente de promoções especiais de um grande time americano de beisebol, os New York Yankees. Sim, a única mulher das grandes equipes de beisebol com um emprego de primeira linha. Bem, eu entendia pouco de beisebol e menos ainda de promoções — mas me esforcei para aprender e me diverti à beça.

Eu ia a todos os jogos na cidade e percebi que provavelmente estava comendo mais cachorros-quentes do que qualquer mulher nos Estados Unidos. Um dia, quando eu estava falando ao telefone, um dos jogadores, na verdade um dos astros do time (vamos chamá-lo de Joe), atirou-se em uma cadeira no meu pequeno escritório e começou a comer um sanduíche gigantesco. Ele parecia mal-humorado. Quando desliguei, perguntei:

— Joe, aconteceu alguma coisa?

Com a boca cheia e mostarda escorrendo no queixo (Joe era famoso por suas tacadas, não por sua educação à mesa), ele disse:

— Estou numa maré baixa. Tenho que esperar isso passar.

Era verdade que Joe não vinha jogando bem, o que para ele e para os jornalistas esportivos significava "maré baixa". Pensei nisso por alguns instantes. Eu não queria que Joe deixasse meu escritório do mesmo jeito que chegou, então tentei pensar em algo para motivá-lo.

— Joe, não entendo bem esse negócio de maré baixa e por que você tem que esperar isso acabar. Você não pode simplesmente decidir que ela acabou?

— Isso é beisebol, você não entende — disse Joe.

— Eu sei que não entendo. Mas quem inventa isso e porque temos que comprar essa ideia? Essa ideia de esperar uma má fase acabar sequer faz sentido.

Joe olhou para mim como se eu fosse uma completa idiota, uma mulher que não entendia nada de beisebol. (Ele não estava tão errado). Mas eu era jovem e cheia de energia, então, não resisti. E disse:

— Olha, uma jogada errada é só uma jogada errada, não mais do que isso. Vamos declarar esta má fase como terminada agora. Acabou. Acabou, Joe. Simplesmente vá lá e bata na porcaria da bola. Não se controle, não espere. É para isso que você está aqui, certo? E ninguém faz isso melhor do que você.

Joe continuou mastigando. Depois de uns minutos, ele levantou, resmungou alguma coisa e saiu. Obviamente, deixou restos de seu sanduíche e guardanapos sujos na minha mesa. Mas aquilo não importava. O importante é que ele entrou em campo algumas horas depois e jogou muito bem. Em um desses momentos vitoriosos, ele olhou para onde eu estava sentada na arquibancada e tocou seu boné. A má fase havia terminado.

Todos somos muito mais poderosos do que pensamos. Muito mais preparados do que achamos para controlar nossos destinos e viver não a vida com que nos conformamos, mas aquela que queremos. **Não deixe para depois. Faça agora. Agora é hora de livrar-se da ideia de que não estamos prontos; de que temos que nos aperfeiçoar antes de agir, que temos que esperar.**

Conheço uma mulher chamada Jenny que está pronta para evoluir na carreira. Todos os sinais apontam que este é o momento certo para dar o passo à frente: ela é reconhecida como especialista em sua área, sua empresa está disposta a promovê-la, e, o mais importante, ela perdeu o entusiasmo pelo seu trabalho atual.

— Vamos lá, Jenny, vamos batalhar — disse eu, meio impaciente. Nós vínhamos conversando sobre seguir em frente há semanas.

— Eu sei, eu sei, Gail, eu deveria dar o passo à frente logo. Mas sabe, só estou esperando meu filho ficar um pouco mais velho.

— Peraí, quantos anos ele tem? — perguntei.

— Vai fazer trinta, mas eu só queria ter certeza... — Ela hesitou.

Muitos de nós estão esperando. Esperamos pelo sinal, pelo convite, ou sermos descobertos ou que os planetas se alinhem antes de darmos o passo que vai mudar nossas vidas ou nosso mundo. (Não estou de brincadeira. Uma amiga minha não faz nada para avançar quando Mercúrio está retrocedendo. Você não faz isso, faz?) Contemos nosso poder e nosso futuro e esperamos que surja o momento certo. E enquanto esperamos, nossas vidas, nossas oportunidades, nossos grandes momentos passam diante de nós. Aprendi, às vezes a duras penas, que momentos não surgem do nada; você tem que sair e agarrá-los. E para isso, é preciso ter coragem.

Algumas palavras sobre coragem: recentemente, eu estava conversando sobre a importância de *decidir* agir com um executivo que acabara de se aposentar. Em certo momento, depois de um longo silêncio, ele olhou para cima e disse:

— Tudo bem, Gail, decidi o que vou fazer. Vou escrever um livro.

— Que ótimo! — disse eu. — Você tem muito a dizer. Quando vai escrevê-lo?

— Bem — respondeu ele —, acho que só tenho que criar coragem.

— Nunca espere pela coragem — disse eu. — Você pode passar a vida inteira esperando.

É verdade: ninguém vai bater na sua porta um belo dia com uma linda caixa de presente e dizer: "Aqui está a coragem. Onde você quer que eu a coloque?". Aqui está a dura verdade sobre a coragem: ela não é dada. O que é bom, porque ninguém pode levá-la embora.

A coragem vem com a ação. Assim que você dá um passo à frente, assim que proclama sua decisão, assim que você diz "É assim que vai ser", a coragem surge. Ela inunda você e energiza cada célula do seu corpo. Você não tem que esperar por ela. Ela estará lá.

Tenho uma história emocionante sobre uma mulher adorável que esperou sua coragem... por 19 anos.

Ela se chama Lue Ann Eldar e atualmente é muito bem-sucedida e envolvida com instituições de caridade em Nova York. Ela sabe o quanto é boa, que vale a pena ser ouvida, que tem liderança, poder sobre sua vida — isso agora. Em 1978, quando tinha 23 anos, Lue Ann era apaixonada por música clássica e era uma grande admiradora de um dos grandes empresários da ópera, Sir Rudolph Bing. Durante anos, Sir Rudolph dirigira o Metropolitan Opera de Nova York. Então Lue Ann escreveu perguntando se ele aceitava conhecê-la e considerá-la para uma vaga de estagiária.

Cerca de uma semana depois, ela recebeu uma carta do escritório de Sir Rudolph. Ela olhou para o envelope fixamente, por muito tempo, virou-o de um lado para o outro, mas não o abriu. Na verdade ela não o abriu naquela semana, naquele mês ou até mesmo naquele ano. Ela o manteve fechado em uma caixa em que guardava lembranças "esquecíveis", tirando-o de lá uma vez ou outra, mas nunca abrindo o envelope — durante inacreditáveis 19 anos. Isso é o que eu chamo de uma longa espera.

Eu disse:

— Lue Ann, eu não acredito! Por quê?

Ela respondeu:

— Porque eu não achei que fosse boa o bastante; só enxergava meus defeitos e erros. E, francamente, eu simplesmente não queria saber que ele havia me rejeitado. Eu não queria ler o que eu tinha certeza de que seria sua resposta: *Obrigado, mas não é possível.* Pensei que era melhor esperar.

Quem de nós nunca fez algo parecido — talvez não tão exagerado, mas parecido? Quantos de nós, em maior ou menor grau, simplesmente não saíram de campo para não perder o jogo — e perdemos de qualquer forma? Aqui está o que aconteceu com Lue Ann:

Sir Rudolph morreu em 1997. Só então, quando leu seu obituário no jornal, ela teve coragem de tirar a carta da caixa, abri-la e ler as palavras do próprio diretor: "Eu adoraria conhecê-la", escreveu ele. "Você parece ser uma jovem muito talentosa. Por favor, ligue para meu escritório para marcarmos uma reunião. Aguardo ansioso sua resposta."

Lue Ann ficou chocada. Sentiu-se, ao mesmo tempo, entusiasmada e apavorada. Entusiasmada porque Sir Rudolph a considerara digna de conhecê-lo tantos anos atrás; apavorada por ter esperado pelo momento certo e por isso ter perdido para sempre a oportunidade.

Como você sabe agora, acredito que a maioria das coisas acontece do jeito que tem que acontecer e uma das melhores coisas que podemos fazer por nós mesmos é deixar para trás os supostos erros e arrependimentos do passado. E quando me contou esta história, Lue Ann já havia feito isso.

— Aconteceu — disse ela. — Meu medo de ser rejeitada e minha decisão de esperar até que eu me sentisse mais digna foram coisas idiotas, mas aprendi com elas. E essa lição me ensina brilhantemente até hoje. E como ensina!

Hoje, Lue Ann é uma das pessoas mais corajosas e autoconfiantes que conheço. E acredite, ela não fica mais esperando. Ela assume seu poder todos os dias. Foi movida por sua visão de fazer a diferença no mundo, e está realmente fazendo. Como eu queria que Sir Rudolph estivesse aqui para aplaudi-la de pé...

Então, a espera tem que entrar na sua lista de lixo mental. Sempre que se ouvir dizendo "Talvez seja melhor esperar por..." — pare aí mesmo. Você não tem tempo a perder, lembra? Esta é a única vida que você tem — pelo menos, a única que tem certeza de ter. E enquanto você espera pelo momento certo para tentar aquele emprego novo ou se inscrever no Big Brother (por que não?) ou encontrar aquele cara que conheceu na internet (e você desmarcou o encontro três vezes), lembre-se disso: o passado não pode ditar seu futuro. Você é a causa e o efeito. Você decide como vai ser. Que tal fazer bem? E faça *agora*.

Passos para se livrar da ideia de esperar o momento certo para seguir em frente:

1. Não saia de campo antes de o jogo começar. Você está aqui para competir, não para ficar sentado no banco de reservas.
2. Faça uma lista das suas vitórias: as vezes em que você ganhou a jogada, fez a ligação ou tornou o dia melhor — para você ou outra pessoa. Anime-se com essas vitórias sempre que enfrentar um novo desafio.
3. Abandone sua lista de perdas. Para agarrar seu poder, você tem que se livrar do medo de perder ou de ser rejeitado. Lembre-se: a coragem vem com a ação.
4. Quando você estiver prestes a dar um passo adiante e aquela velha voz gritar "Pare!", não dê ouvidos. Faça de qualquer jeito. Apresente seu plano, declare sua paixão, entre em campo de qualquer jeito. E quando o envelope chegar, abra-o.

Pontuação de coisas jogadas fora da Gail:

Vou jogar fora a ideia de que se eu for realmente boa, irão me descobrir — entrarei em campo com todas as minhas bandeiras.

Total: 1 coisa
Total geral: 48 coisas

Sua pontuação de coisas jogadas fora:
Seu total:
Seu total geral:

Capítulo 18

DEIXANDO PARA TRÁS A NECESSIDADE DE SEGURANÇA

Todos temos aqueles momentos em que não sabemos para onde estamos indo — ou até mesmo quem somos. Frequentemente nos pegamos lutando com os momentos "entre" de nossas vidas: entre um emprego e outro, entre um relacionamento e outro, entre uma velha ideia de si e uma nova. E isso é superdesconfortável, não é? Quero dizer, segurança sempre foi tudo na vida. Você sabe: há segurança nacional e segurança pessoal, certo? Quando temos isso, estamos seguros, certo? E segurança no emprego? Segurança financeira? Havia a ideia de que se você trabalhasse e economizasse, e controlasse seus sonhos mais loucos, para não dizer seus gastos, você ficaria bem. Você subiria os degraus do crescimento dentro de uma mesma empresa e teria uma aposentadoria tranquila. Bem, se todas essas seguranças não morreram, são incertas nos dias de hoje.

Alguns anos atrás, fui palestrante convidada num encontro de ex-alunos da prestigiada Universidade de Princeton. Em dado momento, pedi para cada ex-aluno terminar a frase *Vinte e cinco anos atrás, nunca teria imaginado que eu...* Uma mulher bonita levantou-se e disse: "Vinte e cinco anos atrás, nunca teria imaginado que estaria aqui, formada em Princeton — com mérito, por sinal — dizendo 'Não faço ideia do que vou fazer da minha carreira e da minha vida nos próximos 25 anos'."

A maioria das pessoas na sala levantou-se e aplaudiu sua sinceridade, solidarizando-se com ela. Mais tarde, fui até ela e me apresentei. Ela se chamava Claire. Havia se divorciado recentemente, tinha dois filhos quase adultos e acabara de ser demitida de um banco de investimentos. Ela não acreditava que sua vida tivesse virado de cabeça para baixo.

— Estou tão insegura — disse ela.

— Sua vida não virou de cabeça para baixo — respondi. — É só um momento ruim de uma vida longa e, se Deus quiser, repleta de alegrias. E de qualquer forma, pode até ser bom.

— Está brincando? — disse Claire. — Não sei para onde ir, não consigo ver um futuro. Nem tenho certeza de quem sou agora.

— É por isso que é bom — disse eu.

Sei que é difícil de engolir de primeira — foi assim para Claire, tem sido assim para mim — mas acredito do fundo do coração que não há nada de errado em *não saber*. A insegurança — não saber o que o futuro nos reserva — pode ser boa, não ruim. Se pararmos para pensar, não fomos feitos para viver vidas certinhas e previsíveis com tudo perfeitamente ao nosso alcance, como todas as roupas que usaremos semana que vem. Sabe, nossas saias, blusas, sapatos, cintos, brincos, bolsas, tudo isso dobrado e etiquetado como as roupas de um robô cujo único desejo é cumprir seu destino predeterminado.

Não, acho que estar seguro, palavra que o dicionário define como "sentir satisfação e segurança, livre de aflições ou dúvidas", na verdade impede o crescimento. Não estou brincando. Se estamos totalmente confortáveis e seguros, se não desejamos mais nada, não nos preocupamos com nada, aspiramos apenas a mais do mesmo, como vai surgir o ímpeto de crescer, mudar, inventar, *reinventar*? O cientista Charles Darwin estava certo. Ele disse: "Não é a mais forte nem a mais inteligente das espécies que sobrevive, mas aquela que se adapta a mudanças."

E adivinhe só: nós somos as "espécies". Somos fabulosos organismos vivos que respiram, e cuja evolução não tem limites. Graças a Deus, sempre estamos no meio do caminho, nunca chegamos lá. E só para constar, esse caminho deveria ser uma aventura, e a natureza da aventura é imprevisível, com consequências desconhecidas. Se não fosse assim, não seria uma aventura. E Thomas à Becket estava certo. *Não está* escrito até nós escrevermos.

O fato é que não podemos crescer se sempre ficarmos em nossa zona de conforto. Mas a maioria das pessoas não caminha rumo ao desconhecido, à terra da aventura, de livre e espontânea vontade. É por isso que é bom quando levamos uma pancada da vida. Claire ainda estaria em sua antiga empresa, que ela me descreveu como "apática e enfraquecedora" e ainda estaria casada com o mesmo cara, que ela descrevia como "mesquinho e narcisista", se o universo não tivesse o bom senso de puxar seu tapete e fazê-la se mexer. Golpes como esses são duros de aguentar — não somos educados para valorizar ou esperar a insegurança —, ainda que possam vir a qualquer momento. **E nossas escolhas são nos protegermos, nos envolvermos naquilo que já conhecemos e esperar que as coisas voltem a ser do jeito que eram ou então caminhar rumo ao desconhecido de peito aberto — e crescer, se adaptar, ter sucesso — como os fortes e inteligentes mem-**

bros da espécie humana que somos. Isso não precisa ser tão difícil — pode até ser divertido. Mas antes temos que deixar de lado a necessidade de segurança o tempo todo.

No começo, Claire estava tão presa à ideia de *Eu sou inteligente, então deveria ter domínio completo do meu destino* que precisou fazer alguns exercícios de aquecimento só para começar a considerar a possibilidade de largar o freio e se aventurar no desconhecido. Então, aqui está a lista de aquecimento de Claire para livrar-se da necessidade de se sentir segura. Funcionou para ela. Acho que também vai funcionar para você.

— Experimente pratos novos e exóticos. A cada semana ou duas, vá a um restaurante diferente que sirva comidas típicas ou use ingredientes exóticos que você não conhece. Controle-se quando estiver prestes a dizer "Mas eu não gosto disso!". Experimente de qualquer jeito. Claire se apaixonou por comida tailandesa e começou a usar capim-limão, ingrediente típico dessa culinária, em suas próprias receitas.

— Escute músicas novas. Compre CDs ou baixe músicas que você nunca ouviu (ou gostou) — quem sabe as músicas que seus filhos escutam? —, de canto gregoriano a salsa ou rap. Claire entrou numa aula de percussão africana com sua filha. No início ela se sentiu estranha, mas sua filha a encorajou. Elas se divertiram muito.

— Experimente um novo esporte. A ideia não é vencer uma competição de triatlo, mas sair para o mundo, sentir o desconforto de aprender algo novo — e fazer isso de uma forma ou de outra. Claire comprou uma bicicleta e juntou-se a um grupo de ciclistas do seu bairro (pessoas que ela não conhecia), e agora eles pedalam juntos todo sábado de manhã.

— Desenvolva uma mentalidade de estudante. Seu objetivo é aprender. Veja sua mudança de alguém que desejava segurança para alguém que abre as portas para a insegurança e adora aventuras. Agora você está novo em folha.

Pouco depois de sua demissão, uma amiga disse a Claire que ela deveria abrir seu próprio negócio, e sua resposta foi "Você deve estar brincando. Eu não sou empreendedora." Hoje ela tem seu próprio negócio, uma consultoria financeira especializada em aconselhar mulheres que estão na mesma fase de transição na vida em que Claire se encontrou um dia. O trabalho, segundo ela, é "supergratificante". Ela vai de bicicleta para o escritório. E claro, está namorando um cara que conheceu no restaurante tailandês. Ela o descreve como "muito divertido e encantador." E ele adora quando ela toca percussão.

Livre-se da necessidade de segurança, meu amigo. Não é divertido. E como meu pai diria, você não ganha nada com isso.

Passos para se livrar da necessidade de segurança:

1. Livre-se da necessidade de saber tudo o que vai acontecer. No livro da sua vida, não dá para pular para a última página. Não existe última página.
2. Livre-se da necessidade de ter garantia de que sua vida vai evoluir de acordo com o plano que você fez no passado. Dê uma chance e sua vida vai se transformar em algo melhor do que você poderia imaginar — mesmo em seus sonhos mais loucos.
3. Livre-se da certeza de que se você não pode imaginar algo, não vai acontecer. A maioria das grandes oportunidades

de nossas vidas não aparece em nossos radares. E isso é maravilhoso.

4. Faça uma lista das suas inseguranças. Jogue fora pelo menos 75% delas agora. Isso vai adicionar bastante ao total de coisas jogadas fora, não vai?

Pontuação de coisas jogadas fora da Gail:

Vou jogar fora a ideia de que se não posso vislumbrar o futuro, ele não será bom.

Total: 1 coisa
Total geral: 49 coisas

Sua pontuação de coisas jogadas fora:
Seu total:
Seu total geral:

Capítulo 19

DEIXANDO PARA TRÁS A IDEIA DE QUE VOCÊ PRECISA FAZER TUDO SOZINHO

UMA AMIGA CHAMADA ANNE me disse alguns anos atrás:

— Gail, o negócio é o seguinte: você tem que acabar com essa ideia de que está sozinha, de que tem de fazer tudo sozinha. Fico cansada só de olhar para você.

Fiquei chocada. Não tinha ideia de que passava essa impressão.

— Ah, eu não faço isso, é ridículo — repliquei.

— Pense nisso — disse ela. — Há várias pessoas que poderiam ajudar você, mas só se você deixar, ou se elas souberem que você precisa delas. Parece que está afastando estes anjos maravilhosos que estão aqui para ajudá-la. Se você ao menos os notasse.

Profundo, não?

Bem, nos anos seguintes, de vez em quando eu refleti sobre o que Anne dissera — bem de vez em quando, na verdade. Eu estava ocupada demais tentando fazer tudo sozinha para pensar em anjos. E nós duas perdemos contato, o que foi ruim, porque eu poderia ter usado seus conselhos inteligentes. Mas aí aconteceu uma coisa que trouxe suas palavras para bem pertinho — e agora eu tento segui-las.

Dois anos atrás, eu estava correndo para embarcar no aeroporto de Chicago quando percebi que tinha colocado todas as minhas malas no lado direito do banco de trás do táxi, e que seria difícil passar por todas elas para sair. Eu disse ao motorista:

— Vou sair pela esquerda e dar a volta para pegar minhas malas na direita.

Achei que ele tinha grunhido alguma coisa para mostrar que tinha me ouvido, mas quando penso bem, não tenho mais tanta certeza. Saí do carro, fechei a porta e nesse exato momento o motorista foi embora com todas as minhas coisas: minha "roupa de palestras", toda a minha maquiagem, meus cremes caros, meus sapatos preferidos e uma mala com todos os meus documentos de trabalho, incluindo meu laptop, meu Blackberry e — você não vai acreditar — minha bolsa. Minha bolsa com a minha carteira, cartões de crédito, passaporte e um par de brincos de diamantes na bolsinha lateral. Era como se a minha vida estivesse naquele táxi.

Corri atrás dele gritando: "Pare! Volte aqui! Ei! Volte aqui!" Os carros buzinavam e os motoristas gritavam para eu sair da frente. Com lágrimas começando a rolar pelo meu rosto, gritei para o funcionário que estava na calçada:

— Meu táxi foi embora com todas as minhas coisas!

Ele me perguntou que tipo de táxi era.

— Não sei — disse eu —, era branco com uns negócios pretos.

Ele suspirou e me perguntou o número do táxi.

— Não faço ideia — disse, aflita.

— Bom, então não posso te ajudar. Você tem ideia de quantos taxistas e companhias de táxi existem em Chicago? Vai ser impossível.

Não pode ser impossível, pensei. *Deve ter alguém que possa me ajudar. Onde estão os anjos de que a Anne falou? Anjos, queridos, aqui estou eu sozinha nesse maldito aeroporto sem...*

— O número do táxi era 047 — disse uma voz calma.

Virei e vi um homem bonitão, mais ou menos da minha idade (o que não importa), olhando severamente para mim. Ele me repreendeu:

— Não foi muito inteligente correr para o meio dos carros daquele jeito, você poderia ter sido atropelada. Eu vi tudo.

— Eu sei, eu sei — disse —, mas ele saiu com todas as minhas coisas, todas as minhas...

— Esquece isso — disse o homem (que afinal se chamava Dan Blodgett). — Vamos fazê-lo voltar aqui, eu prometo.

Dan pegou seu celular e começou a ligar para todas as companhias de táxi da lista telefônica que o funcionário deu. Deixou mensagens em mais de dez empresas. Entre uma ligação e outra, ele conversava comigo calmamente e garantia — e comecei a acreditar — que eu ia conseguir minhas coisas de volta. Aquilo seria um milagre, mas Dan não estava nem um pouco preocupado e segui o exemplo dele. Mais ou menos meia hora depois, o celular dele tocou. Prendi a respiração e torci para serem boas notícias. Dan ouviu durante uns trinta segundos, piscou para mim e disse:

— Tudo bem, então ele está voltando para o aeroporto, certo? E ele está com toda a bagagem da srta. Blanke? Ótimo. Vamos esperar aqui mesmo.

Dan não saiu do meu lado até o táxi 047 chegar meia hora depois. E todas as minhas coisas realmente estavam bem ali, no banco de trás.

— Você é um anjo, Dan Blodgett — eu disse a ele. Nunca vou esquecê-lo.

Dan sorriu mais uma vez e então desapareceu na multidão.

Não é possível que eu seja a única, pensei durante o voo para Nova York. *Não é possível que eu seja a única que acha que precisa fazer tudo sozinha, que é totalmente independente. E não é possível que eu seja a única a descobrir que estava errada.*

Então perguntei a alguns de meus amigos e colegas se eles já haviam encontrado "anjos" em suas vidas. E, olha, como eles encontraram... Descobri que quase todos com quem falei já haviam tido uma experiência ou outra em que alguém aparecera em suas vidas "do nada" e salvaram o dia, ou até suas vidas, ou apenas mostraram que o mundo, apesar das coisas ruins, ainda é um lugar muito legal. Aposto que você tem suas próprias histórias. Agora seria um bom momento para relembrá-las.

Enquanto isso, conto aqui uma história verdadeira de minha amiga Laurel Bernstein que fará você refletir: certa vez, ela foi pega de surpresa por uma terrível nevasca enquanto estava dirigindo para casa, onde estava seu filho adolescente, e não conseguia enxergar um palmo à frente do carro. Laurel conhecia bem as ruas, então continuou, mas a 20km/h. Ao virar numa esquina, seu carro derrapou e deslizou até parar em uma vala. Um pneu ficou preso num bueiro. Laurel não se machucou, mas ficou bastante zonza. Ela estava sem celular e não sabia o quanto teria que andar até encontrar um telefone público. Ela sentiu seu coração disparar, mas pensou: *Devo conseguir ajuda em algum lugar.* Ela saiu do carro e olhou em volta. De repente, um "rapaz alto e forte", de uns 17 ou 18 anos, surgiu do bosque próximo e caminhou em sua direção. Ele não disse uma palavra. Acenou para Laurel voltar para o carro. Então, Laurel contou: "Ele conseguiu levantar o carro e tirá-lo da vala. Ele o colocou a uma boa distância de onde ele ficara preso, o que me deu a tração necessária para seguir em frente. Parei por alguns segundos para agradecer-lhe, mas ele havia sumido. De repente! Simplesmente desapareceu! Nunca me esquecerei daquele rapaz." Laurel levou mais duas horas para chegar em casa (uma distância de poucos quilômetros), mas chegou em segurança. "Às vezes me pergunto se aquilo tudo foi um sonho", disse Laurel. "Sabe, talvez ele realmente *fosse* um anjo..."

Olha, não sei se meu Dan Blodgett ou o rapaz forte de Laurel eram anjos de verdade ou não, mas tenho certeza de que nós duas temos algo em comum: deixamos de lado o pensamento de que estávamos completamente sozinhas, que tínhamos que fazer tudo por conta própria, e procuramos ajuda. Na verdade, fizemos mais do que isso: nós *previmos* que conseguiríamos ajuda.

Vi uma mulher fazer o mesmo outro dia no metrô de Nova York. Se você já andou no metrô de Nova York, saberá que o incidente foi um verdadeiro milagre. A mulher entrou em um vagão lotado, carregando sua bolsa e uma grande sacola de supermercado, transbordando de coisas. Tenho certeza de que ela preferiria estar sentada a ficar de pé enquanto o metrô sacudia pelos trilhos; eu mesma preferiria, e olha que só estava carregando minha pasta de trabalho. Mas ela fez algo que eu não fiz: olhou em volta com um sorriso simpático no rosto, esperando alguma reação — e levantou as sobrancelhas levemente, como se previsse que alguém estava vendo a situação e lhe cederia o lugar. E alguém *estava* vendo. Quase imediatamente, um jovem levantou e ofereceu seu lugar. Ela sorriu de novo, agradeceu-lhe e sentou-se. *Uau*, pensei, *isso é que é esperar por anjos*! Sabe, ela não era velha, não era deficiente, nem era linda de morrer. Mas tinha o tipo de energia extraordinária que fazia com que as pessoas quisessem ajudá-la. Sinceramente, se eu estivesse sentada, teria cedido meu lugar. Mas ela poderia ter passado uma energia bem diferente — a de que não precisa de ninguém, de que consegue fazer tudo por si só, de que prevê que ninguém iria ajudá-la mesmo se pedisse. Pensei: *todo mundo precisa aprender com isso.*

Como ficou evidente, este é um grande processo de desapego para mim. Está quase no topo da minha lista de lixo mental. E como acontece com muitas coisas nessa lista, tenho que pensar nisso quase todo dia, senão corro o risco de recair no velho e prejudicial hábito de ter que fazer tudo sozinha.

Aqui está algo que me ajudou a descobrir mais anjos na minha vida: *ser* um anjo. Meu agente, Richard Pine, contou-me recentemente sobre uma oportunidade que teve de agir como um anjo. E ele aproveitou essa chance.

No fim do verão passado, ele estava dando uma longa e maravilhosa caminhada num parque, quando se deparou com um grupo de quatro pessoas: um casal de meia-idade, sua filha adolescente e outra mulher de uns quarenta e poucos anos. "Eles estavam extremamente aflitos", disse Richard. "Perguntei se eles estavam bem e o homem respondeu, com um forte sotaque britânico, que estavam perdidos. Eles haviam chegado há umas cinco horas e apesar de terem um mapa, não conseguiam encontrar o caminho de volta até seu carro. Estavam absolutamente apavorados."

Richard deu uma olhada em seu mapa e percebeu que eles haviam estacionado o carro a cerca de meia hora de caminhada do lugar onde estavam. Ele também sabia que o sol ia se pôr em breve e que não havia jeito de voltar antes que escurecesse. "É de se esperar que eles estivessem nervosos e assustados", disse ele. "Eu disse a eles que ia ficar tudo bem, e que eu os levaria até o carro. Eles ficaram aliviados. Eles tinham pensado que teriam que passar a noite no bosque, sem comida ou água, e estavam com medo de passar dias sem serem encontrados."

Depois de deixá-los no estacionamento e se despedir, Richard percebeu que de alguma forma ele tivera a sorte de agir um pouco como um anjo — um estranho que aparecera do nada no meio da noite e devolvera-os à segurança. Tantos meses depois, Richard ainda não acredita na oportunidade que teve de ser um anjo. "Eu sei que de alguma maneira consegui realizar seu maior desejo — segurança —, mas eles também realizaram o meu: a oportunidade de ter um impacto realmente positivo na vida de alguém."

Richard está empenhado em descobrir mais momentos em que possa ser um anjo. "Tudo o que temos que fazer é estar abertos à oportunidade de fazer o bem e sermos generosos", disse-me ele. "Se estivermos, as oportunidades surgirão aos montes."

É claro que Richard está certo. Alguns dias depois de me contar sua história, tive um pequeno momento como anjo — e ganhei meu dia. Um dia bem chuvoso, na verdade. Eu tinha acabado de fazer uma escova no meu cabelo no salãozinho do bairro porque daria uma palestra numa grande instituição financeira dentro de algumas horas, e estava andando por uma avenida em busca de um táxi. Abri meu guarda-chuva e tentei proteger meu cabelo recém-escovado, mas uma rajada de vento virou-o do avesso. Para completar, não havia táxis à vista. Tentei andar sob as marquises das lojas que ladeavam a avenida, mas não adiantou. Meu cabelo, para não dizer minha roupa, estavam arruinados. Então, do nada, um táxi parou bem na minha frente.

— Graças a Deus! — gritei.

A porta se abriu e uma adorável velhinha olhou pela janela.

— Está chovendo à beça, não é? — perguntou ela.

— Com certeza — disse eu. — Espero que você não esteja indo para muito longe.

— Não estou — disse ela. — Só vou ao banco do outro lado da rua, mas tenho um monte de coisas para carregar.

Enquanto ela lutava para sair do táxi, vi que não carregava apenas uma bolsa grande, mas também uma sacola de compras e um tanque de oxigênio. O tanque de oxigênio estava ligado a seu nariz. Em uma mão ela levava a bolsa e a sacola e com a outra ela levava o tanque — com um cigarro aceso na mão.

Deixe eu levar isso para você — disse eu, pegando o tanque de oxigênio e tentando mantê-lo a uma distância segura de seu cigarro.

Você é muito gentil — disse ela, e abriu um belo sorriso.

Ajudei-a a sair do táxi, coloquei o tanque de oxigênio a seu lado na calçada e disse:

— É melhor eu ajudar a senhora a atravessar a rua, está ventando muito.

— Mas você vai perder seu táxi — disse ela.

E aí, o motorista disse:

— Desculpe, senhorita, mas não posso esperar. Há milhões de pessoas procurando táxis. — E foi embora.

Tudo bem — disse eu. — Fico feliz em ajudar. A senhora me lembra outra mulher adorável que conheci — minha mãe.

— Ela fumava? — perguntou a senhora, sem contexto.

— Sempre — respondi. — Mesmo quando estava usando balão de oxigênio.

— Bem, que Deus a abençoe — disse ela.

Ajudei-a a atravessar a rua com o vento e a chuva nos castigando e conduzi-a até o banco. Quando virei para ir embora, ela pôs a mão no meu braço e disse:

— Sua mãe deve ter sido uma mulher maravilhosa, porque você é um anjo.

— Obrigada — disse eu. — Ela era mesmo.

Foi isso. Parou de chover. O vento parou e, mesmo tendo que andar uns dez quarteirões, finalmente consegui um táxi. Meu cabelo estava um ninho de rato e minha roupa parecia meio gasta, mas eu me sentia bem. A palestra correu bem e à noite, quando Jim perguntou como havia sido meu dia, respondi:

— Na verdade, foi ótimo. Fui o anjo de alguém e ganhei o dia.

Contei-lhe sobre a mulher com o tanque de oxigênio e ele disse:

— Isso é muito legal. Lembra-me a sua mãe.

Então, ouça bem, se você é uma dessas pessoas que acha que está sozinha, que tem que fazer tudo por conta própria, e, por isso, às vezes acaba caindo na (argh!) categoria de mártir, essa é a hora de deixar isso para trás. Você não está sozinho. De jeito nehum. Há um monte de pessoas maravilhosas por aí que adorariam alegrar o seu dia. Se parar um minutinho para procurar, vai encontrar alguma.

Nunca duvide da existência de anjos. Procure-os, aguarde-os, conte com eles. Seja um deles.

E se você cruzar com um cara maravilhoso chamado Dan Blodgett, diga-lhe que ele foi o responsável por começar todo um movimento de anjos, está bem? E diga-lhe que eu nunca o esqueci.

Passos para encontrar anjos em sua vida:

1. Abandone a velha convicção de que está sozinho, que o *único* que consegue fazer determinada coisa é você, que é preciso fazer tudo por conta própria. Faça uma lista das situações em que sempre achou que tinha que fazer tudo sozinho. Jogue todas fora.
2. Aceite que há pessoas maravilhosas por aí que não querem nada além de lhe dar uma mãozinha ou salvar sua pele. Mantenha seus olhos e ouvidos abertos para não passar batido por elas quando aparecerem — ou confundi-las com outras pessoas. As pessoas tendem a aparecer quando são esperadas.
3. Aproveite cada oportunidade que tiver de ser o anjo de alguém. Nada mais vai fazer você se sentir mais valoroso. Nada.
4. Diga aos outros que você está começando um Movimento de Anjos. Peça-lhes para unirem-se a você. O mundo está esperando que nos manifestemos há milhares de anos.

Pontuação de coisas jogadas fora da Gail:

Vou jogar fora a ideia de que estou sozinha, de que sou a única que pode fazer acontecer.

Total: 1 coisa
Total geral: 50 coisas (sim, chegamos lá!)

Sua pontuação de coisas jogadas fora:
Seu total:
Seu total geral:

Capítulo 20

CHEGANDO A 50: COMEMORE!

E AÍ, COMO VOCÊ SE SENTE? Você deixou muita coisa para trás. Você jogou fora de tudo um pouco, desde batons velhos ao medo de não ser bom o bastante; da porcelana feia da sua tia à necessidade de ser querido por todos; do seu cinto pequeno demais a sua visão pequena demais de si mesmo.

Você se sente mais leve, entusiasmado? Aposto que você jogou fora muito mais de cinquenta coisas. Você anotou todas? Você se deu parabéns e compartilhou a lista com mais alguém? Você estimulou os outros a jogar fora suas coisas e fazer sua própria lista?

Qual foi a coisa mais difícil de jogar fora para você: foi algo material ou emocional? É engraçado como os dois estão ligados, não é? Não importa o que tenha sido, você deve se orgulhar muito disso. Se consegue fazer isso, imagine o que mais você pode fazer...

Isso é só o começo. De agora em diante, você vai prestar mais atenção. De agora em diante, quando der uma olhada nas coisas com que você se cerca — ou o lixo mental que começou a se acumular novamente na sua mente —, você vai se fazer estas perguntas vitais: isso me deixa feliz? Eu preciso disso? É isso que eu quero? Se não puder res-

ponder sim, você se livrará dessas coisas. Agora você tem a coragem e a vontade.

Então, agora que a barra está limpa, que as artérias físicas e mentais estão desobstruídas, o que você gostaria que acontecesse? O que seria *bom* para você? Adivinhe? Você é quem decide. Vire a página.

Parte Quatro

Entrando na limpeza

Capítulo 21 | SUA VISÃO DO FUTURO

EIS A QUESTÃO: *QUEM É VOCÊ AGORA*? Agora que você se livrou de todo o excesso de mármore, que esculpiu seu caminho em meio aos cacarecos, porcarias e lixo da sua vida, agora que jogou fora cinquenta coisas, quem é você? Ou, mais importante que isso, quem você quer ser? O fato é, este é o momento de decidir qual é a sua própria ideia do que é *bom*. É o momento de decidir como você é — para você e para o mundo. Neste momento específico, tudo é possível — nada é certo, nada está decidido, nada está escrito até que você escreva.

Deve ter havido momentos, até dias, semanas ou meses, em que Michelangelo ficava angustiado pensando sobre quem era Davi, o que ele representava, o que sua existência provocaria. Saber o que era supérfluo, o que retirar do enorme bloco de mármore, deve ter sido, às vezes, desconcertante para ele. Mas é claro que Michelangelo não estava esculpindo por esculpir, certo? Ele tinha uma visão. Uma linda visão. Não uma visão rígida como pedra (desculpe o trocadilho), mas algo fluido, que dependia do momento. Como todo grande artista de qualquer meio. Imagino que Michelangelo sempre ouvisse o que o mármore lhe dizia, considerando caminhos ligeiramente diferentes, uma forma alternativa de expressar o quanto Davi era único. Mas mesmo assim, ele tinha uma visão, um desenho, mesmo que fosse inicialmente um rascunho, sobre o qual se basear, para guiá-lo, para revelar ao mundo — e, certamente, revelar a si mesmo.

Precisamos de uma visão para ter a resolução e determinação de que necessitamos para promover mudanças positivas em nossas vidas. **Nada realmente grande, nada realmente ousado ou bonito já foi criado em um país, empresa, família ou vida sem uma visão — uma imagem clara do que é *bom*, de como ele seria se qualquer coisa fosse possível.**

Walt Disney foi muito inteligente, e sabia o que era necessário para motivar as pessoas a criar milagres — ou pelo menos *mágica*. Então, quando criou o parque Magic Kingdom, na Flórida, disse aos executivos que estavam planejando-o: "Primeiro construam o castelo!" Disney sabia que a mágica estava no castelo, e que se todos que trabalhavam no projeto tivessem o castelo para olhar, com toda sua glória e grandeza, poderiam executar todo o trabalho pesado necessário para dar vida ao resto do parque. Seus carros enfrentariam todos os lamaçais e nem todo o calor e mosquitos do mundo poderiam pará-los. *Porque eis o que Disney nos ensinou: se puder sentir a mágica, poderá ir a qualquer lugar. Sempre.*

Então, a questão é: qual é a sua visão? Qual é o seu castelo? O que seria uma vida maravilhosa para você?

Vivemos em um mundo onde a informação, e não a visão, impera. A maioria das pessoas não gasta nem cinco minutos na semana (ou num mês, ou quem sabe num ano?) se perguntando o que seria *bom* em nossas vidas. Gastamos muito tempo reunindo informações, estudando tendências, avaliando os riscos e definindo cronogramas — mas para quê? Para próximo passo, planejamos chegar até a esquina, não ao castelo. É difícil ser corajoso sem uma visão. Sem uma visão, tudo vira trabalho. Não surpreende que fiquemos atolados nos *processos* da vida. Sem a promessa da luz no fim do túnel, é difícil enxergar.

Mas isto não acontecerá mais. Agora que estamos livres de todas aquelas correntes que nós mesmos colocamos, finalmente podemos alongar nossos músculos enferrujados e entrar em campo. Então, qual é a sua visão? Olha, sua resposta para esta pergunta não precisa ser a mesma para sempre. Pode ser simplesmente a resposta de hoje. Tire um momento para refletir um pouco. Você gostaria de ser um escritor, um piloto de corrida? (Conheço uma mulher que fez isso.) Você gostaria de caminhar em uma praia ensolarada segurando as mãozinhas de seus netos? Esta é, na verdade, a minha visão. Ou uma delas (tenho várias, e quando pegar o ritmo, você também terá). Mas aqui está minha favorita: talvez daqui a cinco anos (se forem menos, melhor ainda), me vejo correndo em uma linda praia, segurando as mãos dos filhos de Kate e Abigail — meus futuros netos. E estou caminhando por essa praia com amor, energia, bom humor e uma imensa gratidão. Agora, se estarei caminhando nesta praia, tenho que estar aqui, certo? E tenho que ter energia. E é essa visão que me faz acordar todos os dias às 6h15 da manhã, na chuva, na neve, no escuro, para correr no Central Park — apesar, ou até mesmo por causa, das minhas pontes de safena. É essa visão que me diz o que fazer — ter uma alimentação saudável, fazer exercícios regularmente, tomar meus remédios, manter uma atitude otimista — e o que não fazer ou deixar de lado: batata frita, sorvete, ficar com as pernas cruzadas durante muito tempo (o que pode causar trombose), ficar preocupada com coisas pequenas. Em poucas palavras, essa visão me ajuda a manter duas listas: O que guardar e O que jogar fora. E no meu caso, as duas listas são bem longas e, com sorte e atenção, só ficarão maiores. *Nunca subestime o poder de uma visão para guiar suas mãos, seu coração e sua mente.*

Imagino que você esteja pensando: "Mas Gail, eu não tenho uma visão. Não faço a menor ideia do que realmente quero ou do que é *bom* para mim!" Relaxe. Não tem problema. Agora que nos livramos do lixo, o que é bom vai surgir. Estou falando sério. E incrivelmente, para muitas pessoas com quem trabalhei — e até para mim mesma —, quando fazemos essa descoberta, a resposta, a visão, parece tão óbvia que não conseguimos imaginar como não a enxergamos antes. Agora que saímos da pilha de lixo material e mental, podemos ver o sol surgindo. Enquanto isso, aqui estão alguns exercícios para ajudar você a ficar um pouco mais próximo de esculpir o seu próprio Davi.

EXERCÍCIOS DE VISÃO

- Você está numa festa em que não conhece ninguém e está se sentindo meio deslocado, perguntando-se por que veio e pensando a que horas poderia sair sem dar uma de mal-educado. Do nada, você ouve uma conversa entre várias pessoas a alguns metros de distância. Eles estão falando sobre algo tão interessante, tão atraente, tão intrigante que, apesar da sua timidez, você vai até o grupo e diz:

"Desculpe, mas sem querer, ouvi a sua conversa sobre ___________ e só queria vir até aqui e me apresentar." Sobre o que eles estão falando? Sobre labradores? Sobre uma escola de gastronomia na Itália? Como produzir seu próprio programa de tevê? Como tornar sua casa ecologicamente correta? O que quer que seja, o que quer que tenha feito você superar a timidez e ganhar coragem, é uma grande, importante pista sobre o que poderia iluminar a próxima grande etapa da sua vida.

- Você está em outra reunião, onde também não conhece ninguém. E mais uma vez, está se perguntando por que diabos está ali. Desta vez, no entanto, alguém chega até você e pergunta:

  — E aí, o que é que *você* faz?

  Você fica empolgadíssimo ao ouvir-se dizer:

  Bem, ando muito envolvido com ________ . E não poderia estar mais feliz.

  — Uau — diz a outra pessoa. — Eu queria fazer algo de que gostasse tanto!

  E aí, qual foi a sua resposta? Você começou a fazer aulas de teatro? Escreveu um livro de receitas e fundou uma escola de culinária para crianças? Passou na seleção para o próximo Big Brother?

Aqui está a chave da questão: Deixe a vida levar você. Onde será que você ouviu isso antes? Imagine algo que entusiasme você. Não necessariamente algo que pareça lógico ou realizável no momento, mas algo que, se acontecesse, faria de você a pessoa mais feliz da cidade. Algo que o alegraria tanto que você faria praticamente qualquer coisa para que se tornasse realidade.

Uma mulher que comecei a atender anos atrás decidiu, aos 47 anos, que queria fazer uma grande mudança profissional. Michelle passara mais de vinte anos administrando uma organização não governamental que abrigava idosos. Embora amasse seu trabalho e seus resultados gratificantes, ela estava pronta para tentar algo novo. Na verdade, ela guardava um segredo, um desejo de décadas de trabalhar com direito do entretenimento. Advocacia estava no sangue de sua família. O pai de Michelle era um juiz aposentado e seu irmão era promotor. Mas Michelle nunca foi incentivada por seus pais a fazer faculdade de Direito e concluiu que eles achavam que ela não tinha o talento necessário. Eles, por outro lado, acharam que ela não estava interessada. No fim das contas, descobriu-se que ambas as conclusões estavam muito longe da verdade. (É preciso tomar cuidado com essas suposições, elas podem pegar você a qualquer momento.) Agora, Michelle só precisava de coragem para dar vida a sua paixão.

Então, passamos um tempo elaborando uma visão — o "castelo" de Michelle. Ela imaginou como seria sua rotina, que partes do país conheceria a trabalho, o nível intelectual de seus colegas e, o mais importante, um prazo para atingir seu objetivo. Quando terminamos, a ideia estava tão amadurecida que Michelle quase podia alcançar e tocar sua mesa no escritório de advocacia em que trabalharia um dia.

Quando Michelle anunciou que estava se inscrevendo na faculdade de Direito, seu marido ficou completamente chocado.

— Você está brincando? — disse ele. — Sabe quantos anos vai ter quando se formar? Cinquenta!

— Eu vou fazer cinquenta anos de qualquer jeito — respondeu ela.

Michelle se formou (sim, aos cinquenta), e agora está trabalhando em um escritório de advocacia especializado em direito do entretenimento, em Washington. Está trabalhando muito e amando. Seu marido, que se mudou com ela, está orgulhosíssimo da esposa e planejando, feliz, sua própria mudança radical de carreira — aos 56 anos.

É claro que sua visão não precisa ser relacionada a sua carreira ou sua saúde. ***Só tem que ser corajosa.*** Num seminário que dei alguns anos atrás, uma mulher chamada Isabel teve uma das visões de que mais gostei. Decidiu criar um relacionamento em que ela e seu futuro marido ficariam mais apaixonados a cada ano. Ela escreveu como um se sentiria a respeito do outro ao fim do primeiro ano, e depois do segundo, terceiro, e assim em diante. Então, ela escreveu o modo exato como eles criariam juntos esse sentimento. Ela pensou em pequenas formas de dizer o quanto ele era maravilhoso: e-mails bem-humorados e carinhosos no meio do dia sem motivo especial; brindes com uma taça de vinho à noite para celebrar qualquer coisinha boa que acontecesse. Ela criou um conceito incrível chamado "Vem comigo esta noite!": encontros-surpresa em que cada um se revezaria impressionando o outro com restaurantes novos e diferentes, filmes desconhecidos, ou mergulhos sob o luar.

Isabel me mandou um e-mail há algumas semanas para contar que ela e seu marido já haviam alcançado seu castelo. Na verdade, ela disse: "Acrescentamos uma torre nova!" O nascimento de sua filhinha está tornando-os ainda mais próximos. Isabel e seu marido aprenderam algo de valor inestimável: se pudessem sonhar com algo, poderiam realizá-lo.

E, aliás, o tal de "Vem comigo esta noite!" ainda acontece. Talvez não com tanta frequência, mas tradição é tradição.

Está na hora de construir seu castelo. Como ele seria por fora? E por dentro? Acrescente detalhes, cor. Coloque cada bandeirola e cada torre. No meu, consigo enxergar meus netos; consigo ouvir suas gargalhadas; consigo ver o sol brilhando em seus cabelos e seus corpinhos travessos. Nada que esteja sob meu controle vai impedir que eu esteja lá com eles. Adoro cheeseburguer e batata frita, mas não vou comê-los. Detesto levantar pesos na ginástica, mas vou levantá-los. Na verdade, não consigo pensar em nenhum aborrecimento ou inconveniente que eu não possa aguentar para ter a oportunidade de correr naquela praia, segurando aquelas mãozinhas.

Agora é a sua vez. O que você faria de melhor?

Passos para criar a visão do seu novo Davi:

1. Pergunte-se o seguinte: se qualquer coisa fosse possível, se eu soubesse que eu não falharia, se um gênio saísse da lâmpada e dissesse que realizaria meu maior desejo, qual seria? O que deixaria você tão entusiasmado que faria qualquer coisa, fora vender sua alma, para que acontecesse?
2. Não seja prático; você sempre pode fazer coisas pequenas no dia a dia. Esta é a hora de pensar grande.
3. Detalhe sua visão: construa o castelo. Coloque todos os detalhes que imaginar, as alas, as torres e bandeirolas. Se é abrir um novo negócio, como seria a rotina de trabalho? Se é encontrar o parceiro dos seus sonhos, o que há na sua alma gêmea que faz seu coração bater mais forte? Se é entrar em

forma de uma vez por todas, como você se sentiria ao entrar num restaurante com aquele vestido novo, exibindo seu corpo em forma e seu sorriso maravilhoso?

4. Defina uma data. Seja específico sobre quando a sua visão vai se tornar realidade. Não apenas o ano, mas o mês e o dia exatos. E não planeje para além de um ano e meio. Você já esperou demais. É hora de fazer o que quer.

Capítulo 22

TIRANDO ENERGIA DOS MOMENTOS DE DECISÃO

Certo, essa parte é muito importante. É onde você entra em campo; é o momento em que você realmente entende minha palavra preferida: *decisão*. Há tantas oportunidades em nossas vidas — várias por dia, se prestarmos atenção — para decidir o que vai ser, como vai ser, o que nos constitui. E no final, tudo se resume a um momento — que às vezes dura nada mais que um segundo — quando optamos entre ir em frente ou andar para trás.

Peço praticamente a todos que oriento — executivos, empresários, artistas, pessoas em fase de transição profissional, amorosa, entre uma personalidade velha e uma nova e pessoas que simplesmente estão preocupadas por não terem o necessário ou o direito de conseguir o que realmente querem — para fazerem uma lista dos momentos decisivos de suas vidas. **Um momento decisivo é uma ocasião em que você encontrou algo em si que não achava que tinha, ou esqueceu que tinha, e trouxe isso para fora. O resultado é que você transformou algo negativo em positivo.** Um momento decisivo é quando você diz "Sim" ou "Não". Um momento decisivo é quando você estabelece um limite. Ou ultrapassa um, se for o caso. Mas é sempre um momento depois do qual você nunca pensará a seu respeito da mesma forma. Todos temos estes momentos. Na verdade, aposto que se você prestar bastante atenção, vai descobrir vários na sua vida.

E é isso que eu quero que você faça: comece a pensar nos momentos — os pequenos e grandes — que fizeram você pensar "Hum, é *isso* o que eu sou." Não precisa ser a vez em que você acabou com a fome no mundo ou conseguiu evitar uma grande enchente. Mas tem que ser aquelas vezes em que você acabou com seus bloqueios, disse o que tinha que ser dito, fez o que tinha que ser feito e continuou agindo assim. Lembra-se de David Hoffman, o documentarista sobre quem falamos no capítulo 10? David perdeu tudo, cada peça de seu antigo trabalho, naquele terrível incêndio. Ele poderia ter escolhido, como disse, entre "o fim" ou "seguir em frente". Ele sabia que aquele era um momento decisivo. E escolheu seguir em frente.

Para começar, aqui estão alguns exemplos de pessoas maravilhosas que conheço.

Christa, uma mulher de trinta e poucos anos, contou-me esta história recentemente. Ela estava prestes a se casar, na verdade, só faltava uma semana para o casamento — quando seu pai disse que se recusava a acompanhá-la até o altar. Contextualizando: seu pai abandonara Christa e sua mãe quando ela tinha apenas dez anos. Ele logo se casou de novo com uma mulher que, infelizmente, tinha ciúmes de Christa durante sua infância e impôs todo tipo de restrição para impedir que seu pai ficasse com ela. Seu pai não lutava contra isso. Na verdade, ele se submetia. Em consequência, Christa raramente o via.

A mãe de Christa acabou casando-se novamente com um homem maravilhoso, que assumiu naturalmente o papel de padrasto e base de apoio para Christa. Ela aprendeu a amá-lo muito, excluindo seu próprio pai (cujo comportamento sempre perdoou). Vinte anos depois, quando Christa e seu noivo estavam cuidando dos últimos detalhes do casamento, ela convidou seu pai e seu padrasto para acompanhá-la até o altar. Seu padrasto ficou animadíssimo. Seu pai, ofendido. Ele ligou para ela e disse:

— Você faz ideia da vergonha que seria andar até o altar na frente de toda aquela gente com outro homem que sequer é seu parente? Como você pode ser tão egoísta? O que fez você pensar em fazer algo tão ruim e destrutivo? Se ele levar você até o altar, estou fora. A escolha é sua.

Christa sempre fora a juíza da família, sempre a que acalmava as coisas entre seus pais, sempre aquela que passava por cima dos próprios sentimentos ou cedia pelo bem do próximo.

Os últimos e difíceis vinte anos passaram como um filme em sua mente. Houve muitos momentos ruins, mas também houve momentos bons.

— Como posso me agarrar à parte boa e jogar fora o resto? — perguntava-se ela.

"Dizendo a verdade", respondeu sua voz interior. E naquele momento, alguma coisa mudou. Pode chamar de determinação, de coragem, de vontade de trocar o passado pelo futuro — não importa o que tenha sido, funcionou. Christa recompôs-se e disse estas palavras corajosas ao seu pai:

— Você tem ideia do quanto doeu quando você abandonou a mim e minha mãe? Tem noção da vergonha de ter de explicar isso na escola? Você sabe quantos campeonatos e apresentações escolares, e bons e maus momentos da minha vida você perdeu? Você sabia que meu padrasto é quem esteve *presente nestes momentos*? Meu padrasto foi quem preparou meus lanches da escola e enxugou minhas lágrimas quando eu estava triste, e deixou tudo de lado para me ajudar no dever de casa ou em qualquer outra coisa em que eu precisasse. Meu padrasto estava comigo durante tudo isso — e eu o amo muito. Mas eu também amo você. Você é meu pai. E esse vai ser o dia mais importante da minha vida. Eu gostaria que você me levasse até o altar, mas só se for junto com meu padrasto. A *escolha* é *sua*.

O pai de Christa ficou pasmo. Na verdade, sem palavras. De repente, ele disse:

— Estarei lá. Desculpe. Eu não percebi...

Ele desabou em lágrimas. Bem, no fim deu tudo certo. O pai e o padrasto de Christa levaram-na até o altar e aquele não só foi o dia mais importante da vida dela como também um dos mais felizes. Ao se lembrar do momento, Christa, que quase esquecera de me contar esta história, percebeu que aquele foi realmente um momento decisivo — em que ela se definiu para si mesma.

— Meu Deus — disse eu —, você faz ideia do quanto você é forte? Você sabe a coragem que você tem? Se você conseguiu fazer isso, você pode fazer qualquer coisa.

— Agora eu sei — disse Christa.

Então, se você estiver dizendo para si mesmo ou em voz alta: "Gail, eu não tenho momentos assim", pense duas vezes. Pense no meu amigo Ray Sclafani. Ele é um cara trabalhador, cheio de iniciativa, que faz as coisas acontecerem. Mas quando pedi a ele que fosse para casa e fizesse uma lista dos momentos decisivos de sua vida, ele deu para trás:

— Não posso fazer isso — disse ele. — Eu não tenho tempo, com tanto trabalho e minha família — ele tinha filhos bem pequenos —, e de qualquer forma, não tive nenhum momento decisivo.

— Simplesmente faça a lista, Ray — disse eu.

E ele fez. Voltou duas semanas depois com cinco páginas de momentos decisivos. Uma vez que começou, não conseguiu mais parar.

— Agora estou preocupado com todos os outros que esqueci! — disse ele.

— Não se preocupe. Haverá muitos outros — disse eu.

O pontapé inicial para Ray foi lembrar-se de quando concorrera a representante de turma na oitava série. Ele fez o possível e o impossível. E perdeu. Mas mesmo assim tinha que ir à aula no dia seguinte. Ainda tinha que passar pelos mesmos corredores. Ainda tinha que dizer "oi" para os mesmos garotos. E fez isso. O que ele descobriu em si mesmo foi a vontade e, sim, a coragem para seguir em frente com sua pequena personalidade de 14 anos. Quando conversamos sobre este episódio, concluímos que foi bom Ray ter perdido aquela eleição porque, se tivesse ganhado, não teria aprendido tanto sobre si mesmo.

— Sabe, quando penso nessa história, lembro-me do quanto sou forte e que posso lidar com o que quer que apareça.

E ele pode mesmo. Recentemente, Ray abriu sua própria empresa, especializada em modernos treinamentos para consultores financeiros e outros altos executivos. E está indo muito bem.

Ray tornou-se um verdadeiro colecionador de momentos decisivos em sua vida, assim como nas vidas de sua esposa e filhos. Estou falando sério. Ele registra os momentos de todos, e eles comemoram de tempos em tempos. Minha família também tem esse hábito: toda véspera de Natal, Jim, Kate, Abigail e eu relatamos os momentos decisivos de cada um no ano que passou. Às vezes, é engraçadíssimo. Às vezes, nos levam às lágrimas. Mas sempre, inevitavelmente, nos lembram — enquanto indivíduos e enquanto família — quem nós somos e o que nos constitui.

Você já está pensando em seus próprios momentos? Aposto que está. Mas vou contar uma última história para estimular você. É sobre mim mesma. É engraçado, mas eu não teria pensado nela se Ray não tivesse me contado a história da derrota nas eleições da oitava série...

Aconteceu num campeonato regional amador de natação que durava dois dias e era uma seletiva para o campeonato nacional feminino, no mês seguinte. Você não poderia competir no nacional se não fosse bem no regional, e você não iria bem no regional se não chegasse à final. Isso significa que você tinha que marcar um tempo muito bom nas seletivas. Minha categoria era cinquenta metros livres para meninas de menos de 12 anos.

— Juízes e cronômetros prontos? — disse o organizador. — Nadadoras, às suas marcas!

Todas subimos em nossas plataformas, nos colocamos na posição inicial e esperamos o apito. Eu mirei bem à frente, olhando para a margem oposta da piscina de cinquenta metros. A água brilhava sob o sol quente. Meu coração estava acelerado.

Ouvi minha mãe gritar:

— Gail, você consegue, querida.

O apito soou. E aí uma coisa estranha aconteceu. A garota na raia ao meu lado balançou pra frente e para trás algumas vezes. Achei que ela fosse cair na água, o que seria considerado queimar a largada. Mas ela não mergulhou. Eu que mergulhei! Ao vê-la, me desequilibrei e caí na piscina assim que o sinal foi dado. Fiquei ali na parte rasa da piscina enquanto as outras nadadoras voavam rumo à outra borda da piscina. Olhei para o juiz e gritei:

— Ei, eu queimei a largada!

— Não queimou, não — disse ele.

— Mas, mas... Eu...

— Sinto muito — disse ele, dando de ombros.

Comecei a chorar. Então, comecei a nadar. Eu nadei e chorei durante todo o percurso. Ainda sinto meus braços cortando a água e meus pés batendo como se tivessem vida própria. Dei um gás final e toquei os azulejos da outra borda. Então eu olhei para cima, ainda chorando.

— Número dois! — anunciaram.

Percebi que por muito pouco conseguira chegar em segundo lugar. Meu treinador, Bob Busby, me agarrou pelo braço, tirou-me da piscina e disse:

— Foi lindo, de verdade. Nunca vi você nadar tão rápido.

O melhor seria dizer: ele nunca me vira com tanta raiva.

— Mas fiquei em segundo lugar — disse eu.

— Eu não me importaria se você tivesse chegado em quinto! — disse ele. — Foi lindo.

Meu tempo havia sido bom o suficiente para me classificar nas finais que aconteceriam naquele mesmo dia, mais tarde, e eu estava tão motivada e cheia de energia (e ainda com raiva) que cheguei em primeiro. É engraçado, mas nunca falaram muito sobre aquela medalha de ouro. O que eles lembravam era de eu "chorar e nadar para chegar em segundo". Passei por várias situações aparentemente injustas, em que tive que me superar, desde aquele dia quente na piscina.

Mas eu sei o que fazer. Simplesmente me pergunto: *E aí, o que vai ser, Gail? Vai desistir ou vai nadar*? E garanto que nadar sempre é melhor. Mesmo se eu chegar em segundo. *Ou terceiro. Não importa.*

E então, o que você vai fazer? O que você vai decidir? O que vai permitir que você siga em frente quando parece que quase tudo está indo contra você, quando não é justo nem divertido e você acabou de perder na eleição? O que você vai escolher? Desistir ou nadar? Você sabe a resposta.

Passos para comemorar a coragem que você já tem:

1. Lembre-se da época em que era pequeno até ontem — procure aqueles momentos em que descobriu algo em si que não sabia que tinha e colocou para fora. Quando você diz: "É assim que vai ser..." Faça uma lista destes momentos, sejam eles grandes ou pequenos.
2. Procure o padrão dos acontecimentos. Você vai ver que às vezes tomou uma decisão contra todas as forças; que se defendeu ou alguma outra pessoa; que seguiu em frente apesar de todos os obstáculos. Um padrão vai surgir. Este padrão chama-se "coragem".
3. Celebre estes momentos. Compartilhe-os com alguém que ama. Peça que também compartilhem os deles.
4. Comprometa-se a manter uma lista de momentos decisivos e revisá-la regularmente — mesmo quando você não está diante de um grande desafio ou crise. Este é um hábito altamente energizante. Não o abandone.

Capítulo 23 | SER INESQUECÍVEL

Agora vamos às notícias boas. Além de todas as coisas que podemos decidir — o que jogar fora (o lixo material e mental de nossas vidas), o que guardar (os momentos de coragem que nos definiram), o que é bom para nós (o castelo que estamos construindo, a visão a que estamos dando vida), o que nos torna únicos (se você tem pessoas que te amam, as outras não importam) — também podemos decidir, a qualquer momento, o que as pessoas pensam de nós.

Como eu queria ter percebido isso mais cedo... Durante décadas, achei que os outros pensariam o que quisessem de mim, não importava o que eu fizesse. Eu não sabia que tinha total domínio sobre suas percepções; que eu poderia, a qualquer momento, mudar meu modo de agir e assim mudar a forma como me viam.

Como eu já disse milhões de vezes, "o universo não tem uma opinião formada sobre você. Ele só sabe o que você está mostrando hoje." Terri, nossa amiga atriz, provou isso, não? Derrubando todos os estereótipos, ela impressionou a turma com sua própria e convincente versão de Julieta. E como você lembra, foi a *convicção* de que ela era Julieta que nos levou a acreditar nela. Agora você pode decidir. Como você quer ser notado? Como você quer se apresentar? Que impressão você quer causar — quando entrar em um lugar, falar ao microfone, fazer uma entrevista ou entrar no palco? Como você quer que lembrem de você?

Comunicar quem você é *agora* é tão importante quanto desenvolver sua *personalidade*. Se as pessoas não entenderem quem é você, não é culpa delas; é sua. Mas apresentar seu novo eu a qualquer público, grande ou pequeno, com poder e graça pode ser uma tarefa assustadora. De acordo com a "Lista de medos mais comuns", o medo de falar em público está à frente do medo de morrer, o que significa que a maioria das pessoas preferiria morrer a falar em público. Isso te faz rir? Que bom. E não se preocupe, apresentar-se poderosa e autenticamente não é difícil. Na verdade, é uma alegria. Como eu sei disso? Meu pai me ensinou. E eu posso te ensinar.

— Olá, lindona.

Foi o que meu pai disse assim que saiu de seu conversível amarelo, durante a visita dos pais ao acampamento de férias. Eu joguei meus braços em volta de seu pescoço e comecei a chorar. Eu amava meus pais tanto que doía. Eles formavam um casal perfeito. E faziam com que eu sentisse que podia fazer qualquer coisa, até resistir à saudade absurda de casa que estava sentindo naquelas últimas quatro semanas do acampamento. Ainda me lembro o que minha mãe vestia naquele dia — uma saia de flanela branca, um suéter azul marinho com estampa de cavalos, sandálias azuis e brancas. Não tenho ideia do que meu pai estava vestindo, só sei o que ele me fez sentir: que eu era a única pessoa no mundo. Só de olhar para ele, qualquer garota se derretia. Ele era lindo, uma mistura de Cary Grant e Gary Cooper, com um sorriso que dava para ver a quilômetros de distância. E ele caminhava com o poder de um atleta e a graça de um dançarino. Ele era inesquecível.

Minha popularidade no acampamento subiu vertiginosamente quando meus pais chegaram. As monitoras, que nunca tinham prestado muita atenção em mim, não largavam do meu pé. "Você vai me apresentar ao seu pai, quer dizer, aos seus pais, Gail?" era a pergunta que eu não parava de ouvir. Todas diziam que meu pai tinha "carisma". Eu não sabia o que aquilo significava, então, quando meus pais me levaram para jantar naquela noite, perguntei a ele. Ele pensou durante alguns minutos e disse:

— Acho que ter carisma é demonstrar paixão por algo. É quando você mostra seu entusiasmo e otimismo e usa sua energia para inspirar os outros.

Meu pai tinha uma capacidade misteriosa de "inspirar os outros", e já usei suas técnicas para isso em centenas de situações: primeiros encontros, em palestras, em entrevistas de emprego, além de ensiná-las a muitos dos meus clientes que, assim como você, estão prontos para brilhar. Lembro de assistir a meu pai em reuniões da empresa de vendas de aspiradores de pó que ele administrava. Era impressionante. Ele conseguia transformar a energia de qualquer ambiente de exaustiva a exuberante em minutos. Ele acreditava que as pessoas eram capazes de atingir seus sonhos mais loucos e que sua missão era ajudá-las.

Como ele fazia isso? Ele demonstrava sua paixão. Ele não se segurava. Não se importava em passar vergonha se isso significasse que estava atingindo os outros e levando o próximo a agir. Ele nunca deu aulas ou foi pastor. Era um ouvinte apaixonado. Ele sabia instintivamente que a melhor maneira de demonstrar respeito por alguém — fosse uma criança, um idoso, uma pessoa importante, ou alguém que sofria — era escutando-o. Ele também sabia que o velho ditado americano estava certo: as pessoas não se importam com o quanto você sabe até elas saberem o quanto você se importa.

Você vai achar engraçado, mas antes de entrar numa das melhores faculdades de teatro do país, eu nunca havia atuado em um papel feminino. Não estou brincando. (Você deve estar se perguntando como passei para uma universidade tão boa, não? Para mim, ainda é um mistério). Olha, como eu disse quando estávamos falando sobre a sala de estar (capítulo 4), estudei em escolas femininas e sempre me davam o protagonista masculino. Fiz várias peças assim. Era só diversão.

Mas a faculdade de teatro era um curso sério e meus colegas não estavam ali de brincadeira. Uma das primeiras atividades foi subir no palco e dizer quem nós éramos, de onde vínhamos e que papéis já havíamos interpretado. A plateia, composta de todos os outros calouros da faculdade de teatro, era instruída a votar se éramos "leves" ou "pesados". Posso dizer agora que não era bom ser leve. Ser leve significava que você não dominaria o palco, não tinha presença e nem espírito de liderança. Ser leve era ser esquecível.

Liguei para meu pai na noite anterior a esse trabalho.

— Eu não vou conseguir fazer isso — disse eu. — Vou me sentir uma idiota. Como vou dizer a eles que só interpretei homens? Essas pessoas já fizeram boas peças do circuito alternativo. São quase profissionais. Eles vão saber que eu sou leve.

— Tudo bem, vamos analisar isso — disse ele. — Você vai fazer o seguinte: vai entrar no palco com energia e otimismo, prevendo que o público vai te adorar. E aqui está a grande dica: você vai tirar a atenção de você e desviá-la para seu público.

Essa provavelmente foi uma das coisas mais importantes que meu pai me ensinou sobre conquistar as pessoas, e funciona sempre que você estiver tentando causar uma impressão positiva. Inclusive num primeiro encontro. Não pense: *Como estou me saindo? Será que eles gostam de mim?* Pense: *Quem são eles? Do que eles precisam?* Olhe para fora, não para dentro.

Então meu pai disse uma coisa que nunca vou esquecer.

— **Uma grande atuação ou um grande discurso — ou simplesmente uma boa comunicação — é feita, por mais que soe brega, com amor. Você tem que amar tanto o público que faria qualquer coisa para passar sua mensagem. Quando sentirem isso, eles também vão amá-la**. Ah, e não esqueça de mostrar a eles sua paixão.

Então entrei no palco e fiz o que ele disse. Contei o quanto adorara interpretar o Diabo e meus outros papéis masculinos. Fiz eles rirem ao contar que descobri que estava sendo convincente quando as garotas mais novas começaram a se apaixonar por mim. Concentrei-me em dar atenção — e até amar — a cada estudante que estava sentado naquele teatro. Fui aplaudida de pé, e, o melhor de tudo, votada como "pesada". Acredite ou não, mais tarde acabei até fazendo papéis femininos.

Meu pai faleceu alguns anos atrás, mas penso nele todos os dias. Penso no impacto que ele teve sobre as pessoas; penso em como ele transformava cada ambiente em que entrava; sobre o quanto ele era magnético e amoroso. Até hoje, quando estou andando na cidade onde passei a infância, inevitavelmente alguém vem até mim e pergunta:

— Ei, você não é filha de Warren Blanke? Ouvi-o falar uma vez. Nunca vou esquecê-lo.

Nem eu.

E você? Se vai levar o melhor de si para a próxima grande etapa da sua vida, tem que se expressar sinceramente, abertamente e, sim, inesquecivelmente, quer esteja entrando numa reunião de escola ou numa grande festa luxuosa. Mesmo que tudo indique o contrário, *não* é difícil começar a gostar disso e parar de odiar; *não* é difícil passar do medíocre ao maravilhoso.

A boa notícia é: você não precisa nascer com carisma, ele pode ser construído. Tudo depende da sua atitude. Graças a uma ajudinha do meu pai, vou ensinar a você como conquistar essa atitude irrefreável.

Passos para mostrar-se poderoso e ser inesquecível:

1. *Convicção.* Você tem que acreditar que é a pessoa certa, no lugar certo e na hora certa para entrar numa sala, assumir o microfone, fazer aquela entrevista ou subir no palco; que você é exatamente a pessoa certa para contar essa história, fazer esse lançamento, pedir alguma coisa. E você é. Você é livre, você é verdadeiro e ninguém pode parar você.
2. *Coragem.* É preciso coragem para ser o centro das atenções. E você a tem. Dê mais uma olhada nos seus momentos decisivos. Lembre-se de que você já possui o necessário para ser ousado, tomar uma posição, ter um ponto de vista. Antes de falar, lembre-se do seu melhor momento, sua melhor sacada, do momento em que resolveu uma situação difícil. Entre com esse momento envolvendo você por inteiro. Vista isso, domine isso, alegre-se com isso.

3. *Paixão.* Como disse meu pai, carisma não passa da demonstração da paixão. Tudo começa com a paixão. No fim das contas, a paixão dá lucros. Acredite em sua visão do que é bom e mostre sua paixão. Acreditamos em pessoas apaixonadas. Confiamos nelas. Em poucas palavras, pessoas apaixonadas são inesquecíveis — quer sejam políticos, empresários, altos executivos, cantores ou comediantes. A paixão vence.
4. *Deixar para trás.* Deixe para trás qualquer pensamento negativo ou temor de não ser bom o bastante; reveja sua lista de cinquenta coisas. Preste atenção especial ao seu lixo mental. Deixe para trás a tentativa de ser perfeito ou de agradar todo mundo. Lembre-se: se você tem pessoas que amam você, as outras não importam.
5. *Desvie sua atenção para o público.* É irônico, não é? O jogo não está em você, mas neles. E é por isso que você não precisa ficar nervoso. Não pense: "Como estou me saindo? Eles gostam de mim?", mas "Como eles estão, do que eles precisam, como posso dar isso a eles?" Você vai sentir a atenção voltando a você de tempos em tempos; desvie-a direto para eles. Ame seu público e ele amará você.
6. *Motive e inspire.* Nunca ensine ou pregue. Ninguém quer ser ensinado ou doutrinado. É verdade: as pessoas não se importam com o quanto você sabe até elas saberem o quanto você se importa. Assim que se pegar ensinando, pare. A diferença principal entre Hillary Clinton e Barack Obama, quando disputaram a candidatura à presidência dos Estados Unidos em 2008, era que um deles "ensinava" e o outro "inspirava". Adivinhe quem fez o quê?
7. *Fale para os ouvidos do seu público.* Você tem que saber o que o seu público deseja, seja ele composto por uma pessoa ou uma sala lotada. Com o que eles estão envolvidos? O que os

preocupa, o que lhes agrada, o que os motiva? Se você quer a aprovação deles, molde suas palavras para dar vida às visões deles. Quando eles percebem que você os entende, o que eles querem ou seus interesses, eles relaxarão e vão começar a ouvi-lo de verdade. No momento em que isso acontecer, você os conquistou.

8. *Presuma que eles vão amar você.* Entre em qualquer ambiente com energia e otimismo. Pense na cantora Cher. Sempre que ela entra no palco, ela toma a decisão fundamental de se envolver com o público. E o público vai saber que ela os ama e eles também a amarão. Passar energia positiva pode virar o jogo a seu favor. Lembre-se: este é o seu momento. Por que você não deveria ganhar o dia? Por que deveria ser outra pessoa? Você merece, você está pronto e você é *inesquecível*.

Capítulo 24

DESCUBRA SUA MÚSICA — E CANTE!

BEM, É ISSO. LEMBRA-SE DE QUANDO Michelangelo apresentou Davi ao colega que julgou seu trabalho? Imagino-o tirando o pano que cobria a estátua com grande pompa. O.k., talvez ele não tenha dito "Tcharam!", mas provavelmente estava pensando nisso.

Então, este é o seu momento "Tcharam!". O momento em que você de uma vez por todas tira o pano e sai do mármore; sai do lixo do passado e entra num futuro luminoso — um futuro sem arrependimentos, sem medo de falhar, sem oportunidades perdidas, mentes fechadas, armários superlotados ou tubos vazios de cola. Um futuro que você mesmo idealizou, em que o mais sedutor é a visão — a sua visão — do que é *maravilhoso.* Este é o momento final de deixar para trás — quando você deixa para trás a segurança de uma camisa de força autoimposta e abraça a gloriosa segurança do desconhecido.

Você está pronto? Rufem os tambores. O maestro ergueu a batuta. Os músicos estão posicionados para tocar... sua música. Mas espere, o que eles vão tocar? Qual é a *sua* música, afinal? Você tem que ter uma música. **Você conhece algum exército que já tenha enfrentado uma batalha, tentado salvar o mundo ou ganhado o dia sem uma canção? Não. As cornetas e os tambores, as vozes altas e em coro sempre chegam primeiro. Todos precisamos de uma canção.**

Na verdade, acredito tão fortemente no poder da música que peço para cada um dos meus clientes descobrir a sua e cantá-la.

Encontrar sua música não é difícil. Essa historinha pode ajudar: não faz muito tempo, tive um cliente de quarenta anos chamado Roger, que trabalhava em uma empresa de serviços financeiros. O diretor da companhia havia dito a ele para melhorar sua habilidade de comunicação. Ele passava a clientes potenciais a impressão de estar entediado e desinteressado, ou até mesmo arrogante. Mas na verdade, ele estava 100% comprometido e disposto a efetuar a venda. (É interessante como costuma haver um enorme abismo entre nossa intenção e o impacto real que produzimos). Mas a melhor coisa em Roger foi que, depois de se recuperar do choque inicial ao saber da impressão não intencional que causou, ele tornou-se um dos melhores alunos que já tive, e "melhorar sua habilidade de comunicação" acabou sendo moleza.

Nas nossas primeiras conversas, Roger e eu começamos a conversar sobre esportes. Acabei descobrindo que ele havia sido o maior craque do time de futebol no segundo grau. Falamos sobre seu jogo mais difícil, aquele em que ele ajudara o time a dar a volta por cima, vencer o campeonato e no qual ele ganhou o prêmio de melhor jogador.

— No que você estava pensando quando estava indo jogar? — perguntei. — No que você pensou quando entrou em campo? Havia alguma música que você adorasse?

— Não acredito que você está me perguntando isso — disse ele. — Eu tinha uma música especial. Eu a escutava a caminho dos jogos e ouvia-a em minha cabeça no campo. Você vai morrer de rir quando eu contar qual é.

— Vá em frente, eu aguento — disse rindo.

— Era "My Sharona", um sucesso dos anos 1980 da banda Knack. Eu adorava. Ela sempre me deixava cheio de energia.

— Bem, é uma resposta — disse eu. — "My Sharona". Você tem que entender que o trabalho que você faz é só um outro tipo de jogo. E a boa notícia é que você tem o necessário para ser um ótimo jogador. Você só precisa ter o mesmo espírito e energia como você teve para vencer aquele jogo quando encontra um cliente.

— Espere — disse ele. — Você está dizendo que eu devo cantar "My Sharona"? Você está brincando, certo?

— Não — respondi. Nesse momento, eu estava tão empolgada que levantei e comecei a balançar meus braços. — Você tem que cantar o mais alto possível, com todo o seu fôlego, no caminho para cada reunião e ouvi-la em sua cabeça quando entrar na sala. E aí, vai entrar no jogo?

Roger entrou. E sei que soa estranho, mas cantar aquela música boba fez toda a diferença. Roger desabrochou: tornou-se um motivador. Passou a transmitir energia a seus clientes e eles adoraram. Agora é para ele que o presidente da empresa liga quando quer fechar um negócio. E Roger dá conta do recado. E ele fez tudo isso ao relembrar um momento de sua vida em que sentiu que ninguém poderia pará-lo e ouvindo novamente a música que o fizera sentir-se assim.

Conheço outro companheiro que está enfrentando o maior desafio de sua vida. Na verdade, ele está *lutando* pela vida. Ele tem câncer de próstata e está fazendo quimioterapia. Ele está vencendo a doença, e sente que uma das maiores armas de seu arsenal é a energia positiva e o otimismo inabalável. E ele diz que tira isso de sua música.

Antes de entrar em uma sessão de quimio, e até mesmo durante, ele a ouve. É a abertura de *O Rei Leão*, e sempre funciona.

— Você devia me ouvir, Gail — disse ele. — Eu canto aquela musiquinha e sinto meu organismo respondendo com tudo. E assim eu sei que superei aquilo.

É muito mais fácil ser corajoso quando você tem uma música.

É mais fácil ser irresistível também. Uma linda jovem chamada Patti passou meses e meses desempregada. Ela fez várias entrevistas, mas nenhuma havia dado frutos — em parte porque as vagas em questão não eram realmente o que ela queria, e em parte porque ela não demonstrava a energia e o otimismo que tantas empresas procuram em tempos difíceis. Mas finalmente ela encontrou o emprego perfeito. Era um cargo de coordenadora na MTV, emissora de música jovem, trabalhando em um programa que ela adorava. A empresa havia ficado em dúvida entre dois candidatos e a grande notícia era que Patti era um deles. Ela estava se preparando para ir à entrevista final.

— Ai, meu Deus, Gail — disse ela. — Eu quero demais isso. Eles têm que me escolher. Estou tão nervosa! O que devo fazer?

— Você tem que cantar sua música, Patti — disse eu.

— Peraí — disse ela —, que música? Eu não tenho uma música.

Claro que tem — disse eu. — Só não descobriu qual é. Vamos lá, qual música descreve perfeitamente o jeito que você *quer* se sentir agora? Sabe, a que diz o quanto você é perfeita para esse trabalho, que você já esperou demais, que você...

— Já sei — disse Patti. — É do Elton John. Chama-se "The Bitch is Back".

— Acho que serve — disse eu.

Patti cantou sua canção em alto e bom som durante todo o caminho até a entrevista. Ela entrou dominando seu poder, transmitindo confiança e energia positiva. Ela estava irresistível.

— Eles não tiveram escolha — disse-me ela depois. — Eu estava tão fascinante que eles tiveram que me contratar.

E contrataram.

O.k., eu tenho uma música. Eu a canto quando estou pronta para assumir riscos, quando há muita coisa em jogo, quando tenho uma grande oportunidade e não quero desperdiçá-la, quando me escuto dizer: "Tudo bem, não vai ser dessa vez que vou estragar tudo."

É parte de uma música do filme *Funny Girl — uma garota genial* e se chama "I'm the greatest star" "Eu sou a maior estrela". Ouvi Barbra Streisand, que estrela o filme, cantá-la ao vivo muitos anos atrás. *I'm the greatest star. I am by far, but no one knows it.* [Eu sou a maior estrela. Sou muito melhor, mas ninguém sabe.] Às vezes canto baixinho, outras, bem alto. E aqui estão as palavras que me levantam na hora, que me enchem de adrenalina, que me lembram que sou a pessoa certa para deixá-los de queixo caído: *Lookin' down you'll never see me. Try the sky, 'cause that'll be me.* [Se olhar para baixo, nunca vai me ver. Tente olhar para céu, porque estarei lá.]

Canto minha música sempre que me deparo com uma situação desafiadora, que ameaça meu ego. E sempre funciona. Não estou dizendo que ela me faz fechar negócios ou ganhar o dia sempre. Mas sempre levo o melhor de mim para a sala — quer seja para uma entrevista de jornal, uma palestra ou uma festa cheia de pessoas que eu não conheço.

O que seria necessário para você saber a verdade: você é exatamente a pessoa certa, no lugar certo, na hora certa para conseguir o que quer? Que música você ouviria — e cantaria — na hora em que quiser estar cheio de energia, irresistível e inesquecível? Aqui está o que você precisa: você tem que descobrir sua música. Cante-a por tudo o que você é. Por que não? Este é o momento que você estava esperando. Cante-a por tudo o que você é. E o mundo está esperando por você — que você revele seu brilho. Você — com toda a sua energia. Você — com a clareza e leveza de espírito recém-descobertas. Você — com sua visão, seu castelo para te impulsionar. Você — com uma música no coração... e na ponta da língua.

Subam as cortinas!

Passos para encontrar sua música... e cantá-la:

1. Descubra-a. Pense em um momento da sua vida em que se sentiu o máximo. Talvez você estivesse no ônibus da escola voltando de um excelente jogo de futebol, ou numa boate e aquele cara lindo chamou você para dançar. O que estava tocando? O que você estava cantando? Essa é a sua música.
2. Cante-a. Em voz alta se puder, ou baixinho se estiver num elevador ou numa rua movimentada. (Na verdade, eu estava correndo no parque hoje de manhã e um cara passou por mim cantando em alto e bom som algo sobre uma "nova direção". Aquilo me deixou animada.) Cante-a no caminho para a entrevista de emprego, para aquela reunião impor-

tante, para o primeiro encontro ou quando for buscar os filhos na escola.

3. Compartilhe-a. Pergunte a alguém que você ama qual é a canção dela e diga qual é a sua.
4. Use-a. Lembre-se, não importa o quanto estiver preocupado, o quanto estiver para trás, sua música fará você chegar lá.

Capítulo 25 SUA DECLARAÇÃO AO MUNDO

Já que agora você está livre e limpo, que sabe quem é e quais são seus valores, que sua energia e espírito estão renovados, que tem talentos a oferecer e coragem para oferecê-los, está na hora de fazer sua declaração ao mundo. Está na hora de você dar um passo à frente, sem esperar ser convidado, e declarar seu objetivo.

E é hora de completar estas frases:

- *Sou o ______ e sou aquele que________, e ninguém faz isso melhor.*
- *Minha visão para mim e para o mundo é:*
- *A coisa mais importante e mais difícil que vou deixar para concretizar minha visão é:*
- *E a minha música é:*

Agora você não é apenas inesquecível, mas também irrefreável.

Leia sua declaração todos os dias. Declare-a em voz alta todas as manhãs. Este é o seu momento. Aproveite-o.

Apêndice: seu lixo

O lixo material

Coisas que vou jogar fora:

Coisas que vou doar:

Coisas que vou vender:

Coisas que vou reciclar:

A bagunça mental

Coisas que vou jogar fora:

As descobertas especiais

Coisas que vou guardar e por quê:

Total:

Coisas:

Este livro foi impresso em março de 2010 pela Rotaplan Gráfica e Editora Ltda., para a Ediouro. A fonte usada no miolo é Adobe Garamond Pro corpo 12/15. O papel do miolo é pólen soft 70g/m², e o da capa é cartão 250g/m².